WILLIAM BARCLAY

COMENTARIO
AL NUEVO TESTAMENTO
– Tomo 10 –

Gálatas y Efesios

WILLIAM BARCLAY

COMENTARIO
AL NUEVO TESTAMENTO
– Tomo 10 –

Gálatas y Efesios

editorial clie

Editorial CLIE
Galvani, 113
08224 TERRASSA (Barcelona)

COMENTARIO AL NUEVO TESTAMENTO
Volumen 10 - Gálatas y Efesios

Traductor de la obra completa: Alberto Araujo

© por C. William Barclay. Publicado originalmente en 1970
   y actualizado en 1991 por The Saint Andrew Press,
   121 George Streeet, Edimburg, EH 2 4YN, Escocia.
© 1995 por Clie para la versión española.

Depósito Legal: B. 8.390-1998
ISBN 84-7465-749-9 Obra completa
ISBN 84-7645-985-8 Volumen 10

Impreso en los Talleres Gráficos de la M.C.E. Horeb,
E.R. nº 2.910 SE –Polígono Industrial Can Trias,
c/Ramón Llull, s/n– 08232 VILADECAVALLS (Barcelona)

Printed in Spain

Clasifíquese: 0238 COMENT. COMPLETOS N.T.–Epístolas de Pablo
            C.T.C. 01-02-0238-06
Referencia: 22.38.56

PRESENTACIÓN

A los lectores que no estén acostumbrados al estilo de William Barclay les advertiré que no se desanimen ante las aparentes dificultades. Las cartas a los *Gálatas* y a los *Efesios* no se encuentran entre los libros más fáciles de entender del Nuevo Testamento. Hay diferencias de estilo entre ellas que se comprenden al considerar las circunstancias tan distintas en que fueron escritas. *Gálatas* es como un torrente de montaña, que se lanza con brío contra los obstáculos y se abre paso entre las rocas, mientras que *Efesios* se parece más bien a un río caudaloso que alcanza su máxima anchura y profundidad y calma ya cerca de su desembocadura.

Estas dos cartas, más bien breves, siempre han estado entre los libros más apreciados en la piedad y en la predicación cristiana, y han ejercido una influencia decisiva en la Historia de la Iglesia. *Gálatas* fue clave en la Reforma, cuando se reprodujo de nuevo en cierto modo el conflicto entre las actitudes representadas por la Ley y la Gracia —por lo menos así lo entendemos los protestantes. Y *Efesios* —que no es ni mucho menos tan desgarbada como para haber dejado en español el calificativo despectivo de «adefesios», tomado de su nombre latino— ha adquirido una importancia decisiva el siglo XX, cuando la Iglesia ha asumido por la gracia de Dios la vocación a la unidad del Cuerpo de Cristo en su Cabeza, que no puede ser más que el mismo Cristo.

Que nadie piense al ver las citas y las palabras en cursiva que para usar este comentario hay que saber griego y un montón de historia y literatura clásica. Precisamente para los que no tenemos esa cultura escribió William Barclay su comentario sencillo y ameno. Pero eso sí: está claro que para entender las palabras y las ideas de algo que se escribió en griego en los tiempos del Imperio Romano se tiene que comparar con los de los autores de entonces. Más nos pueden ayudar a comprender el mensaje del Nuevo Testamento los autores de la Iglesia Primitiva —¡y hasta los escritores paganos!— que los modernos con una formación clásica insuficiente.

Baste lo dicho para que nadie se espante con las citas de los autores clásicos. Ni con las de los más modernos; porque William Barclay, en su honradez, no quería que se tomaran como suyas las ideas e ilustraciones que había tomado prestadas de otros. Pero, eso sí: cuando no cita otras fuentes, eso quiere decir que lo que dice es de su propio caletre. No hay más que leer sus introducciones a los libros del Nuevo Testamento que comenta para darse cuenta de que sus aportaciones a la comprensión de la Sagrada Escritura son importantes y merecen figurar entre las mejores.

William Barclay, profesor en la Universidad de Glasgow de la lengua y literatura de los tiempos cuando se escribió el Nuevo Testamento, nos introduce en la sociedad de entonces, en sus hogares y en sus campos y ciudades, y nos presenta a las personas de aquel tiempo, desde el Emperador y los grandes filósofos hasta los esclavos y los niños; todos, en fin, los que nos pueden ayudar a comprender el Nuevo Testamento. Y esto nos es de capital importancia porque, por mucho tiempo que permita la paciencia de Dios que siga rodando la Tierra, nunca quedarán desfasadas ni se superarán jamás sus enseñanzas, no sólo en todo lo referente a nuestra relación con Dios sino también en la que debe haber entre los esposos, entre padres e hijos y entre patronos y obreros. Y es que la Palabra de Dios sigue teniendo actualidad y relevancia suprema para nosotros hoy, aunque las circunstancias externas y hasta las ideas hayan cambiado tanto desde entonces —y sigan cambiando, gracias a Dios, y tengan que seguir cambiando, como en lo referente a las mujeres y a los niños y a otros muchos aspectos de la vida. Las necesidades vitales y los anhelos del corazón humano siguen siendo los mismos. Y Cristo es la respuesta.

Alberto Araujo

ÍNDICE

CARTA A LOS GÁLATAS

CARTA A LOS EFESIOS

INTRODUCCIÓN GENERAL
A LAS CARTAS DE PABLO

LAS CARTAS DE PABLO

Las cartas de Pablo son el conjunto de documentos más interesante del Nuevo Testamento; y eso, porque una carta es la forma más personal de todas las que se usan en literatura. Demetrio, uno de los antiguos críticos literarios griegos, escribió una vez: «Cada uno revela su propia alma en sus cartas. En cualquier otro género se puede discernir el carácter del escritor, pero en ninguno tan claramente como en el epistolar» (Demetrio, *Sobre el estilo, 22*). Es precisamente porque disponemos de tantas cartas suyas por lo que nos parece que conocemos tan bien a Pablo. En ellas abría su mente y su corazón a los que tanto amaba; en ellas, aun ahora podemos percibir su gran inteligencia enfrentándose con los problemas de la Iglesia Primitiva, y sentimos su gran corazón latiendo de amor por los hombres, aun por los descarriados y equivocados.

EL ENIGMA DE LAS CARTAS

Por otra parte, muchas veces no hay nada más difícil de entender que una carta. Demetrio (*Sobre el estilo, 22*) cita a Artemón, el editor de las cartas de Aristóteles, que decía que una carta es en realidad una de las dos partes de un diálogo, y como tal debería escribirse. En otras palabras: leer una carta es como escuchar un lado de una conversación telefónica. Por eso a veces nos es difícil entender las cartas de Pablo: porque no tenemos la otra a la que está contestando, y no conocemos la situación a la que se refiere nada más que por lo que podemos deducir de su respuesta. Antes de intentar entender cualquiera de las cartas que escribió Pablo debemos hacer lo posible para reconstruir la situación que la originó.

LAS CARTAS ANTIGUAS

Es una lástima que las cartas de Pablo se llaman *epístolas*. Son, en el sentido más corriente, *cartas*. Una de las cosas que más luz han aportado a la interpretación del Nuevo Testamento ha sido el descubrimiento y la publicación de *los papiros*. En el mundo antiguo, *el papiro* era el antepasado del papel, en el que se escribían casi todos los documentos. Se hacía con tiras de la corteza de una planta que crecía en las orillas del Nilo. Las tiras se colocaban unas encima de otras y se abatanaban, de lo que resultaba algo parecido al papel de estraza. Las arenas del desierto de Egipto eran ideales para la conservación de los papiros, que eran de larga duración siempre que no estuvieran expuestos a la humedad. Los arqueólogos han rescatado centenares de documentos, contratos de matrimonio, acuerdos legales, fórmulas de la administración y, lo que es más interesante, cartas personales. Cuando las leemos nos damos cuenta de que siguen una estructura determinada, que también se reproduce en las cartas de Pablo. Veamos una de esas cartas antiguas, que resulta ser de un soldado que se llamaba Apión a su padre Epímaco, diciéndole que ha llegado bien a Miseno a pesar de la tormenta.

«Apión manda saludos muy cordiales a su padre y señor Epímaco. Pido sobre todo que usted se encuentre sano y bien; y que todo le vaya bien a usted, a mi hermana y su hija y a mi hermano. Doy gracias a mi Señor Serapis por conservarme la vida cuando estaba en peligro en la mar.

*En cuanto llegué a Miseno recibí del César el dinero
del viaje, tres piezas de oro; y todo me va bien. Le pido,
querido Padre, que me mande unas líneas, lo primero
para saber cómo está, y también acerca de mis hermanos, y en tercer lugar para que bese su mano por ha-
berme educado bien, y gracias a eso espero un ascenso
pronto, si Dios quiere. Dé a Capitón mis saludos cordiales, y a mis hermanos, y a Serenilla y a mis amigos.
Le mandé un retrato que me pintó Euctemón. En el
ejército me llamo Antonio Máximo. Hago votos por su
buena salud. Recuerdos de Sereno, el de Agato Daimón,
y de Turbo, el hijo de Galonio»* (G. Milligan, *Selections
from the Greek Papyri, 36).*

¡No podría figurarse Apión que estaríamos leyendo 1800
años después la carta que le escribió a su padre! Nos muestra
lo poco que ha cambiado la naturaleza humana. El mozo está
esperando un pronto ascenso. Era devoto del dios Serapis.
Serenilla sería la chica con la que salía. Y le ha mandado a los
suyos el equivalente de entonces de una foto.

Notamos que la carta tiene varias partes: (i) Un saludo. (ii)
Una oración por la salud del destinatario. (iii) Una acción de
gracias a un dios. (iv) El tema de la carta. (v) Finalmente,
saludos para unos y recuerdos de otros. En casi todas las cartas
de Pablo encontramos estas secciones, como vamos a ver:

(i) *El saludo: Romanos 1:1; 1 Corintios 1:1; 2 Corintios
1:1; Gálatas 1:1; Efesios 1:1; Filipenses 1:1; Colosenses 1:1s;
1 Tesalonicenses 1:1; 2 Tesalonicenses 1:1.*

(ii) *La oración:* en todas sus cartas Pablo pide a Dios por
las personas a las que escribe: *Romanos 1:7; 1 Corintios 1:3;
2 Corintios 1:2; Gálatas 1:3; Efesios 1:2; Filipenses 1:3;
Colosenses 1:2; 1 Tesalonicenses 1:1; 2 Tesalonicenses 1:2.*

(iii) *La acción de gracias: Romanos 1:8; 1 Corintios 1:4;
2 Corintios 1:3; Efesios 1:3; Filipenses 1:3; 1 Tesalonicenses
1:3; 2 Tesalonicenses 1:3.*

(iv) *El tema de la carta:* de lo que trata cada una.

(v) *Saludos especiales y recuerdos personales: Romanos 16; 1 Corintios 16:19; 2 Corintios 13:13; Filipenses 4:21s; Colosenses 4:12-15; 1 Tesalonicenses 5:26.*

Las cartas de Pablo siguen el modelo de todo el mundo. Deissmann dice de ellas: «Son diferentes de las otras que encontramos en las humildes hojas de papiro de Egipto, no en cuanto cartas, sino en cuanto cartas de Pablo.» No son ejercicios académicos ni tratados teológicos, sino documentos humanos escritos por un amigo a sus amigos.

LA SITUACIÓN INMEDIATA

Con unas pocas excepciones, Pablo escribió todas sus cartas para salir al paso de una situación inmediata, y no como tratados elaborados en la paz y el silencio de su despacho. Si se producía una situación peligrosa en Corinto, Galacia, Filipos o Tesalónica, Pablo escribía una carta para solucionarla. No estaba pensando en nosotros, sino solamente en aquellos a los que escribía. Deissmann dice: «Pablo no estaba pensando en añadir unas pocas composiciones nuevas a las ya existentes epístolas judías; y menos en enriquecer la literatura sagrada de su nación... No tenía ningún presentimiento del lugar que sus palabras llegarían a ocupar en la historia universal; ni siquiera de que se conservarían en la generación siguiente, y mucho menos de que llegaría el día en que se consideraran Sagrada Escritura.» Debemos recordar siempre que una cosa no tiene que ser pasajera porque se escribió para salir al paso de una situación inmediata. Todas las grandes canciones de amor del mundo se escribieron para una persona determinada, pero siguen viviendo para toda la humanidad. Precisamente porque Pablo escribió sus cartas para salir al paso de un peligro amenazador o de una necesidad perentoria es por lo que todavía laten de vida. Y es precisamente porque las necesidades y las situaciones humanas no cambian por lo que Dios nos habla por medio de ellas hoy.

LA PALABRA HABLADA

De una cosa debemos darnos cuenta en estas cartas. Pablo hacía lo que la mayoría de la gente de su tiempo: no escribía él mismo las cartas, sino se las dictaba a un amanuense, y añadía al final su firma, a veces con algunas palabras más. (Conocemos el nombre de uno de los que escribieron para Pablo: en *Romanos 16:22,* Tercio, el amanuense, introduce su propio saludo antes del final de la carta). En *1 Corintios 16:21* Pablo dice: «Esta es mi firma, mi autógrafo, para que estéis seguros de que esta carta os la mando yo.» (Ver también *Colosenses 4:18; 2 Tesalonicenses 3:17).*

Esto explica un montón de cosas. Algunas veces es difícil entender a Pablo porque sus frases no terminan nunca, la gramática se quiebra y se enreda la construcción. No debemos figurárnosle sentado tranquilamente a su mesa de despacho, puliendo cuidadosamente cada frase; sino más bien recorriendo de un lado a otro la habitación, soltando un torrente de palabras, mientras su amanuense se daba toda la prisa que podía para no perder ni una. Cuando Pablo componía sus cartas, tenía presentes en su imaginación a las personas a las que iban destinadas, y se le salía del pecho el corazón hacia ellas en palabras que se atropellaban en su voluntad de ayudar.

CARTA A LOS GÁLATAS

INTRODUCCIÓN A LA
CARTA A LOS GÁLATAS

EL ATAQUE CONTRA PABLO

Alguien ha comparado la *Carta a los Gálatas* con una espada flamígera en la mano de un gran esgrimidor. Tanto Pablo como su Evangelio eran objeto de ataque. Si ese ataque hubiera triunfado, el Cristianismo no habría pasado de ser otra secta judía, dependiente de la circuncisión y de la observancia de la ley mosaica, en lugar de ser la religión de la Gracia. Es extraño pensar que, si los oponentes de Pablo se hubieran salido con la suya, el Evangelio habría sido exclusivamente para los judíos, y nosotros no habríamos tenido nunca la oportunidad de conocer el amor de Cristo.

EL ATAQUE AL APOSTOLADO DE PABLO

No es posible tener una personalidad relevante y un carácter fuerte como los de Pablo sin encontrar oposición; ni tampoco es posible que un hombre dirija una revolución del pensamiento religioso como hizo él, sin ser objeto de ataque. El primer ataque fue contra su apostolado. Había muchos que decían que Pablo no era ningún apóstol.

Desde su punto de vista tenían razón. En *Hechos 2:21-22* tenemos la definición básica de un apóstol. Judas, el traidor, había cometido suicidio; entonces se definieron las condiciones que debía cumplir el candidato a cubrir la vacante en el grupo apostólico. Tenía que haber sido «uno de estos hombres que estuvieron con nosotros durante todo el tiempo que nuestro Señor entró y salió entre nosotros, empezando desde el bautismo de Juan, hasta el día en que nos fue retirado,» y «un testigo de la Resurrección.» Para ser apóstol, un hombre tenía que haber sido seguidor de Jesús durante Su vida terrenal, y haber sido testigo presencial de Su Resurrección. Está claro que Pablo no cumplía esas condiciones. Además, no hacía tanto tiempo que había sido el superperseguidor de la Iglesia Cristiana original.

En el primer versículo de esta carta, Pablo contesta a eso. Insiste con determinación en que su apostolado no procedía de ningún origen humano, ni ninguna mano humana le había ordenado para ese ministerio, sino que había recibido la llamada directamente de Dios. Podían haber sido otras las cualificaciones que se requerían para ser considerado apóstol cuando se produjo la primera vacante en el grupo de los Doce; pero él tenía una cualificación exclusiva: Se había encontrado con Cristo cara a cara en el camino de Damasco.

INDEPENDENCIA Y COINCIDENCIA

Además, Pablo insiste en que su mensaje no dependía de ninguna persona humana. Es precisamente por eso por lo que refiere detalladamente en los dos primeros capítulos sus visitas a Jerusalén. Insiste en que no está predicando ningún mensaje de segunda mano que haya recibido de otra persona; está predicando el mensaje que ha recibido directamente de Cristo. Pero Pablo no era ningún anarquista. Insiste en que, aunque recibió su mensaje con una independencia total, sin embargo había recibido una aprobación total de los que eran los dirigentes reconocidos de la Iglesia Cristiana (2:6-10). El Evangelio que él predicaba lo había recibido directamente de Dios; pero era un Evangelio que estaba totalmente de acuerdo con la fe que se le había comunicado a la Iglesia.

LOS JUDAIZANTES

Pero ese Evangelio era igualmente objeto de ataque. Era una lucha que tenía que producirse, y una batalla que había que librar. Había judíos que habían aceptado el Cristianismo, *pero* creían que todas las promesas y los dones de Dios eran exclusivamente para los judíos; y que no se podía dar entrada a estos preciosos privilegios a ningún gentil. Por tanto creían que el Cristianismo era para los judíos, y para ellos solos. Si el Evangelio era el mayor regalo de Dios a la humanidad, razón de más para que solamente los judíos pudieran disfrutarlo. En cierto sentido, eso era inevitable. Había un tipo de judíos que se consideraban el pueblo escogido de una manera arrogante. Llegaban a decir las cosas más terribles, como: «Dios ama sólo a Israel de todas las naciones que ha hecho.» «Dios juzgará a Israel con una medida, y a los gentiles con otra.» «Aplasta las mejores serpientes; mata los mejores gentiles.» «Dios creó a los gentiles como leña para los fuegos del infierno.» Este era el espíritu que inspiraba la ley que establecía que era ilegal ayudar a una madre gentil en el momento del parto, porque eso sería contribuir a que hubiera otro gentil en el mundo. Cuando este tipo de judío veía a Pablo llevar el Evangelio a los despreciados gentiles, se disgustaba y enfurecía.

LA LEY

Todo esto tenía una salida. Si un gentil quería ser cristiano, *se tenía que hacer judío primero*. ¿Qué suponía eso? Pues que tenía que circuncidarse y asumir toda la carga de la ley mosaica. Eso era para Pablo todo lo contrario de lo que quería decir el Evangelio. Quería decir que la salvación de una persona dependía de su capacidad para cumplir la ley, y que podía ganarla por sus propios medios sin ayuda de nadie; mientras que para Pablo la salvación era algo totalmente dependiente de *la Gracia*. Creía que ninguna persona podía merecer nunca el favor de Dios. Lo único que podía hacer era aceptar en un acto de fe el amor que Dios le ofrecía, sometiéndose totalmente a Su misericordia. El judío se presentaría a Dios diciéndole: «¡Mira! Aquí está mi circuncisión, y aquí están mis obras; dame la salvación que me he ganado.» Pablo diría:

No ya he de gloriarme jamás, oh Dios mío,
de aquellos deberes que un día cumplí.
Mi gloria era vana: confío tan sólo
en Cristo y Su sangre vertida por mí.

Por fe conociendo Su amor que redime,
hoy llamo tinieblas lo que antes mi luz;
mi propia justicia se torna en oprobio
y clavo mis glorias al pie de Su Cruz.

¡Sí, todo lo estimo cual pérdida vana,
y alego las obras del buen Salvador!
¡Oh, pueda mi alma anidar en Su seno,
vivir de Su vida, gozar de Su amor!

Por más que a Tus leyes viviera sumiso,
no puedo, Dios mío, llegar hasta Ti;
mas sé que en Tu gracia la fe me habilita
si alego las obras de Tu Hijo por mí.

(José M. de Mora).

Para él lo único esencial no era lo que una persona pudiera hacer por Dios, sino lo que Dios había hecho por ella.

«Pero —discutirían los judíos— la cosa más grande de nuestra vida nacional es la Ley. Dios le dio esa Ley a Moisés, y de ella depende toda nuestra vida.» «Espera un momento. ¿Quién fue el fundador de nuestra nación? ¿A quién dio Dios Sus más grandes promesas?» Por supuesto, la respuesta es Abraham. «Ahora bien —continuaba Pablo—, ¿cómo obtuvo

Abraham el favor de Dios? No pudo ganárselo guardando la ley, porque vivió cuatrocientos treinta años antes de que se le diera la ley a Moisés. *La obtuvo mediante un acto de fe.* Cuando Dios le dijo que dejara su pueblo y saliera, Abraham realizó un sublime acto de fe, y fue, confiando para todo solo en Dios. Fue la fe lo que salvó a Abraham, no la ley; y —seguiría diciendo Pablo— es la fe lo que debe salvarnos a todos, no las obras de la ley. El verdadero hijo de Abraham no es el que puede trazar su ascendencia directamente hasta Abraham, sino el que, cualquiera que sea su raza, hace el mismo rendimiento de fe a Dios.»

LA LEY Y LA GRACIA

Si todo esto es verdad, surge una pregunta muy seria: ¿Cuál es entonces el lugar de la Ley? No se puede negar que fue dada por Dios. ¿No la elimina sencillamente esta insistencia en la Gracia?

La Ley tiene su propio lugar en el plan de Dios. En primer lugar, le dice a la humanidad lo que es el pecado. Si no hubiera ley, nadie podría quebrantarla, y no habría por tanto tal cosa como pecado. En segundo y más importante lugar, la Ley realmente conduce a la persona a la Gracia de Dios. El problema de la Ley es que, como somos pecadores, no la podemos cumplir perfectamente nunca. Su efecto por tanto, es mostrarle a la persona su incapacidad, y conducirla a desesperar de sí misma y confiar solamente en la misericordia de Dios. La Ley nos convence de nuestra propia insuficiencia, y por último nos impulsa a admitir que lo único que nos puede salvar es la Gracia de Dios. En otras palabras: la Ley es una etapa esencial en el camino a la Gracia.

El gran tema de Pablo en esta epístola es que no podemos salvarnos a nosotros mismos, pero Dios nos ofrece la salvación en Jesucristo por Su sola Gracia.

GÁLATAS

EL TOQUE DE CLARÍN DEL EVANGELIO

Gálatas 1:1-5

Yo, el apóstol Pablo, con todos los hermanos que hay aquí conmigo, os escribo esta carta a las iglesias de Galacia. Mi apostolado no me fue conferido por medio de ninguna agencia o intervención humana, sino que me vino directamente de Jesucristo, y del Dios Padre Que resucitó a Jesús. Que la gracia y la paz os sean concedidas por Dios Padre y por nuestro Señor Jesucristo, Quien, porque nuestro Dios y Padre así lo quiso, dio Su vida por nuestros pecados para rescatarnos de este mundo presente con todo su mal. ¡A Él sea dada la gloria para siempre jamás! Amén.

A los miembros de las iglesias de Galacia habían llegado algunos diciéndoles que Pablo no era un verdadero apóstol, y que no tenían por qué creer lo que él les había dicho. Basaban su menosprecio de Pablo en el hecho de que él no había sido uno de los doce apóstoles originales; y que, de hecho, había sido el más salvaje perseguidor de la Iglesia; y que no tenía, como si dijéramos, ningún nombramiento oficial de los responsables de la Iglesia.

La respuesta de Pablo no fue una discusión, sino una afirmación. No debía su calidad de apóstol a ninguna persona, sino al día en que Jesucristo se le presentó cara a cara en el camino de Damasco. Su ministerio y su misión procedían directamente de Dios.

(i) Pablo estaba seguro de que Dios le había hablado. Leslie Weatherhead nos habla de un chico que decidió hacerse pastor. Le preguntaron cuándo había hecho esa decisión, y él contestó que fue después de oír un sermón en la capilla del colegio. Le preguntaron el nombre del predicador que le había hecho tanta impresión, y su respuesta fue: «No sé el nombre del predicador; pero sé que Dios me habló aquel día.»

En último análisis, ningún hombre puede hacer a otro ministro o siervo de Dios. Sólo Dios puede hacerlo. La prueba de un cristiano no es si ha pasado ciertas ceremonias y asumido ciertos votos, sino si se ha encontrado con Cristo cara a cara. Un antiguo sacerdote judío llamado Ebed-Tob decía de su ministerio: «No fue mi padre ni mi madre quien me instaló en este puesto, sino el brazo del Dios todopoderoso.»

(ii) La verdadera causa de la capacidad de Pablo para bregar y sufrir era que estaba seguro de que su misión le había sido encomendada por Dios. Consideraba todos los esfuerzos que se le exigían como privilegios que Dios le concedía.

No son solamente personas como Pablo las que reciben de Dios sus responsabilidades; Dios les da su tarea a todas las personas. Puede que sea uno a quien todos los demás conozcan y reconozcan y la Historia recuerde, o puede que sea uno de quien nadie sepa nada. Pero, en cada caso, su tarea le viene de Dios. Tagore tiene un poema en este sentido.

A medianoche, el candidato a asceta anunció:

«Ha llegado el momento de abandonar mi hogar, y buscar a Dios. ¡Ah! ¿Quién me ha retenido tanto tiempo en el engaño?»

Dios le susurró: «Yo.» Pero el hombre tenía los oídos cerrados.

Con un bebé durmiendo en su pecho yacía su mujer durmiendo apaciblemente a un lado de la cama.

El hombre dijo: «¿Quiénes sois vosotros que me habéis engañado tanto tiempo?» La voz le dijo otra vez: «Son Dios.» Pero él no lo oyó.

El bebé lloró entre sueños, cobijándose cerca de su madre.

Dios mandó: «¡Detente, necio, no dejes tu hogar!» Pero él seguía sin oír.

Dios suspiró Su queja: «¿Por qué quiere Mi siervo vagar en Mi busca olvidándose de Mí?»

Muchas tareas humildes son un apostolado divino. Como decía Burns:

Crear un clima feliz en el hogar
para chavales y esposa,
esa es la verdadera y sublime pasión
de la vida humana.

La tarea que Dios le dio a Pablo fue la evangelización del mundo; para la mayor parte de nosotros será sencillamente hacer felices a una pocas personas en el pequeño círculo de los que nos son más queridos.

Al principio de su carta, Pablo resume sus deseos y oraciones por sus amigos de Galacia en dos tremendas palabras:

(i) Les desea *gracia.* Hay dos ideas principales en esta palabra que por suerte para noosotros se conservan en español. La primera es la de *algo sencillamente hermoso.* La palabra griega *jaris* quiere decir gracia en el sentido teológico; pero también quiere decir belleza y encanto. Y hasta cuando se usa teológicamente siempre conserva la idea del encanto. Si la vida cristiana refleja la Gracia de Dios, debe ser algo hermoso y atractivo. Desgraciadamente, muchas veces se da una bondad sin la menor gracia, y un encanto sin ninguna bondad; pero es cuando la bondad y el encanto se unen cuando se ve la obra de la gracia. La segunda idea es la de *una generosidad inmerecida,* un regalo que uno no podría ganar nunca, que le da el generoso amor de Dios. Cuando Pablo le pide a Dios gracia para sus amigos, es como si dijera: «Que la belleza del amor inmerecido de Dios sea con vosotros, de tal manera que haga vuestra vida también encantadora.»

(ii) Les desea *paz*. Pablo era judío, y tendría en mente la palabra hebrea *shalôm*, aunque escribió en griego *eirênê*. *Shalôm* quiere decir mucho más que la ausencia de problemas. Quiere decir todo lo que contribuye al bien supremo de la persona, todo lo que hace su mente pura, su voluntad firme y su corazón feliz. Es ese amor y cuidado de Dios que, aunque el cuerpo esté sufriendo, puede mantener el corazón sereno.

Por último, Pablo resume en una sola frase de contenido infinito el corazón y la obra de Jesucristo: «Él Se dio a Sí mismo... para rescatarnos.» (i) El amor de Cristo es un amor *que dio y sufrió*. (ii) El amor de Cristo es un amor *que conquistó y logró*. En esta vida, la tragedia del amor es que queda tantas veces frustrado; pero el amor de Cristo está respaldado por un poder infinito que nada puede frustrar y que puede rescatar a su ser amado de la esclavitud del pecado.

EL ESCLAVO DE CRISTO

Gálatas 1:6-10

Estoy de lo más sorprendido de que hayáis desertado tan rápidamente del Que os llamó por la Gracia de Cristo y os hayáis pasado tan pronto a un evangelio diferente, que no es en realidad un evangelio ni nada que se le parezca. Lo que ha sucedido de hecho es que algunos hombres han trastocado toda vuestra fe, y se proponen darle la vuelta al Evangelio de Cristo. Pero si alguien os predicara un evangelio distinto del que habéis recibido, aunque fuéramos nosotros mismos o hasta un ángel del Cielo, ¡que se vaya al infierno! ¿Es que estoy tratando de congraciarme con la gente, o con Dios? ¿O estoy tratando de complacer a la gente? Si después de todo lo que me ha sucedido todavía estuviera buscando la aprobación de la gente, no llevaría en mi cuerpo la divisa de esclavo de Cristo.

La verdad fundamental que se esconde en esta epístola es que el Evangelio de Pablo era el Evangelio de la Gracia. Él creía con todo su corazón que una persona no podía hacer nada para ganar el amor de Dios; y, por tanto, lo único que uno podía hacer era rendirse a merced de Dios en un acto de fe. Lo único que uno podía hacer era aceptar con admirada gratitud lo que Dios le ofrecía; lo importante no es lo que podamos hacer por nosotros mismos, sino lo que Dios ha hecho por nosotros.

Lo que Pablo había predicado a los gálatas había sido el Evangelio de la Gracia de Dios. Después de él habían llegado unos predicando una versión judía del Evangelio. Proclamaban que si se quería agradar a Dios había que circuncidarse y consagrarse a cumplir todas las reglas y normas de la Ley. Siempre que uno realizara una obra de la ley, decían, se apuntaba algo positivo en su cuenta corriente con Dios. Estaban enseñando que una persona necesitaba ganarse el favor de Dios. Para Pablo eso era imposible.

Los oponentes de Pablo declaraban que él ponía la religión demasiado fácil para congraciarse con la gente. De hecho, esa acusación era lo contrario de la verdad. Después de todo, si la religión consistiera en cumplir un conjunto de reglas y normas sería posible, por lo menos en teoría, satisfacer sus exigencias; pero Pablo presentaba la Cruz diciendo: «Así os ha amado Dios.» La religión se convierte en un asunto, no de satisfacer las exigencias de *la ley*, sino de cumplir las demandas *del amor*. Una persona puede satisfacer las exigencias de la ley, porque tienen límites estrictos y estatutarios; pero nunca podrá cumplir las demandas del amor, que son infinitas. Si una persona pudiera darle al ser querido el Sol, la Luna y las estrellas, seguiría sintiendo que todo eso era una ofrenda demasiado pequeña. Pero lo único que podían ver los oponentes judíos de Pablo era que había enseñado que la circuncisión ya no era necesaria, ni la ley pertinente.

Pablo negaba estar intentando congraciarse con la gente. No era a la gente a la que servía, sino a Dios. No le importaba lo más mínimo lo que la gente pensara o dijera de él: su único

Amo era el Señor. Y entonces presentó una prueba concluyente: «Si yo estuviera tratando de congraciarme con la gente no
sería esclavo de Cristo.» Lo que tenía en mente era que un
esclavo llevaba marcado en el cuerpo con un hierro candente
el nombre de su amo; y él llevaba en su cuerpo las cicatrices
de sus sufrimientos, que eran la marca de ser esclavo de Jesucristo. «Si —decía— no me propusiera más que ganar el favor
de los seres humanos, ¿llevaría estas señales en el cuerpo?» El
hecho de que estuviera marcado era la prueba definitiva de que
su propósito era servir a Cristo, y no agradar a los demás.

John Gunther nos dice que los primeros comunistas de
Rusia habían estado en la cárcel bajo el régimen zarista y
llevaban en el cuerpo las cicatrices de lo que habían sufrido;
y nos dice que, lejos de avergonzarse de sus desfiguraciones,
las exhibían con el mayor orgullo. Puede que pensemos que
estaban equivocados y equivocando a otros, pero no podemos
poner en duda lo genuino de su lealtad a la causa comunista.

Es cuando los demás ven que estamos dispuestos a sufrir
por la fe que decimos tener cuando empiezan a creer que la
tenemos de veras. Si la fe no nos costara nada, los demás no
la valorarían en nada.

DETENIDO POR LA MANO DE DIOS

Gálatas 1:11-17

*En cuanto al Evangelio que os he predicado, quiero
que sepáis, hermanos, que no se basa en un cimiento
puramente humano; porque, yo no lo recibí de ninguna
persona, ni me lo enseñó nadie, sino que llegó a mí por
medio de una revelación directa de Jesucristo. Si necesitáis que os lo demuestre, ahí va eso: Vosotros habéis
oído la clase de vida que yo llevaba antes, cuando
practicaba la religión judía; una vida que me condujo
a perseguir a la Iglesia de Dios más allá de todos los*

*límites para eliminarla. Yo les llevaba la delantera en
la fe judía a muchos de mis contemporáneos y compatriotas, porque era un superfanático de las tradiciones
de mis antepasados. Fue en esa situación cuando Dios,
Que me había apartado para una tarea especial antes
de mi nacimiento y Que me llamó mediante Su Gracia,
decidió revelar a Su Hijo por medio de mí para que yo
diera la Buena Noticia acerca de Él entre los gentiles.
Entonces yo no lo consulté con ningún ser humano, ni
subí a Jerusalén a ver a los que eran apóstoles desde
antes que yo, sino que me retiré a Arabia, y luego volví
otra vez a Damasco.*

Pablo estaba seguro y aseguraba que el Evangelio que
predicaba no era algo de segunda mano; le había llegado directamente de Dios. Esa era una pretensión extraordinaria, y
exigía alguna clase de prueba. Como prueba, Pablo tuvo el
valor de referirse al cambio radical que había tenido lugar en
su propia vida.

(i) *Había sido un superfanático de la Ley;* y ahora, el centro
dominante de su vida era *la Gracia.* Este hombre, que había
tratado de *ganarse* el favor de Dios con un apasionamiento
intenso, estaba ahora contento de tomar humildemente por la
fe lo que se le ofrecía amorosamente. Había dejado de presumir
de lo que pudiera hacer por sí mismo, y había empezado a
encontrar su gloria en lo que Dios había hecho por él.

(ii) *Había sido el superperseguidor de la Iglesia.* Había
«asolado» la Iglesia. La palabra que usa es la que describe la
devastación total de una ciudad. Había tratado de hacerle
imposible la vida a la Iglesia; y ahora, su único objetivo, por
el que estaba dispuesto a consumir su vida hasta la muerte, era
extender esa misma Iglesia por todo el mundo.

Todo efecto debe tener una causa proporcionada. Cuando
una persona va lanzada en un sentido, y de pronto se da la
vuelta y se lanza con igual ímpetu en sentido contrario; cuando
repentinamente invierte todos sus valores de tal manera que

cambia su vida de arriba abajo, tiene que haber alguna explicación. Para Pablo, la explicación era la intervención directa de Dios. Dios le había puesto Su mano en el hombro a Pablo, y le había detenido en medio de su carrera. «Esa —decía Pablo— es la clase de efecto que solo Dios puede producir.» Es algo digno de mención en Pablo el que no tuviera reparo en presentar el informe de su propia vergüenza para mostrar el poder de Dios.

Tenía dos cosas que decir acerca de esa intervención.

(i) No fue una cosa improvisada; formaba parte del plan eterno de Dios. A. J. Gossip cuenta lo que predicó Alexander Whyte cuando él, Gossip, fue ordenado al ministerio. El mensaje de Whyte era que, a lo largo de todo el tiempo y de toda la eternidad Dios había estado preparando a este hombre para esta congregación y a esta congregación para este hombre; y, en el minuto exacto, los había unido.

Dios manda a todas las personas al mundo con una misión que cumplir en Su plan. Puede que sea un papel muy importante, o un papel secundario o pequeño. Puede que sea para hacer algo que sabrá todo el mundo y que pasará a la Historia, o algo que solo sabrán unos pocos. Epicteto (2:16) dice: «Ten valor para elevar la mirada hacia Dios y decirle: "Trátame como quieras desde ahora. Soy uno contigo. Soy tuyo; no rechazo nada que Tú consideres bueno. Guíame por donde Tú quieras; vísteme con el ropaje que quieras. ¿Quieres que tenga un alto cargo, o que lo rechace; que me mantenga en mi puesto, o que huya; que sea rico, o pobre? Por todo esto Te defenderé delante de la gente."» Si un filósofo pagano podía darse tan totalmente a un Dios al Que conocía de una manera tan nebulosa, ¡cuánto más nosotros!

(ii) Pablo sabía que había sido escogido para una tarea. Se sabía escogido, no para un honor, sino para un servicio; no para una vida fácil, sino para la lucha. Un general elige sus mejores soldados para las campañas más difíciles; y un profesor asigna a sus mejores estudiantes los temas más difíciles. Pablo sabía que había sido salvado para servir.

LA CARRERA DE LOS ELEGIDOS

Gálatas 1:18-25

Tres años más tarde subí a Jerusalén para visitar a Cefas, y pasé con él una quincena. No vi a ningún otro apóstol, salvo a Santiago, el hermano del Señor. En cuanto a lo que os estoy escribiendo —Dios me es testigo de que no os estoy engañando. Después pasé a las regiones de Siria y de Cilicia, pero seguía siendo un desconocido para las iglesias cristianas de Judea. Lo único que sabían de mí era la noticia que les había llegado: «¡El que era antes nuestro perseguidor, ahora está predicando la fe que antes trataba de erradicar!» Así que ellos encontraban en mí una causa para glorificar a Dios.

Cuando leemos este pasaje a continuación de la sección anterior vemos lo que Pablo hizo cuando la mano de Dios le detuvo.

(i) Primero, se retiró a *Arabia*. Se retiró para estar a solas, y por dos razones. La primera, porque tenía que pensar a fondo eso tan tremendo que le había sucedido. La segunda, tenía que hablar con Dios antes de hablar a los hombres.

Desgraciadamente son los menos los que se toman tiempo para ponerse cara a cara ante sí mismos y ante Dios; ¿cómo puede uno enfrentarse con las tentaciones, los estreses y las tensiones de la vida, a menos que se haya pensado las cosas a fondo e intensamente?

(ii) Segundo, volvió a *Damasco*. Eso requería coraje. Había ido a Damasco la vez anterior para acabar con la Iglesia, y entonces Dios le detuvo; y todo Damasco lo sabía. Volvió lo antes posible para darles su testimonio a las personas que conocían muy bien su pasado.

Kipling tiene un poema famoso que se llama *Mulholland's Vow —El voto de Mulholland.* Se trata de uno que trabajaba en un barco que transportaba ganado. Se desencadenó una tormenta, y los toros se desencadenaron también. Mulholland hizo un trato con Dios: Si le salvaba de los cuernos y las pezuñas amenazantes, Le serviría desde aquel momento toda su vida. Cuando se encontró a salvo en tierra, se propuso cumplir su parte del trato. Pero su idea era predicar la religión donde nadie le conociera. Pero la orden de Dios le llegó con toda claridad: «Vuelve a los barcos del ganado, y predica Mi Evangelio *allí.*» Dios le envió de vuelta al lugar que conocía y donde le conocían. Nuestro testimonio cristiano, como nuestra caridad, debe empezar en casa.

(iii) Tercero, Pablo fue a *Jerusalén*. De nuevo le vemos exponiendo su vida. Sus amigos judíos de antes, estarían buscando su vida, porque le consideraban un renegado. Sus víctimas de antes, los cristianos, no le querrían recibir, porque les costaría creer que fuera un hombre cambiado. Pablo tuvo el valor de enfrentarse con su pasado. No nos libramos realmente de nuestro pasado huyendo de él; tenemos que asumirlo y vencerlo.

(iv) Pablo fue a *Siria y Cilicia*. Allí era donde estaba Tarso, donde se había criado. Allí estaban los amigos de su niñez y juventud. De nuevo escogió el camino más difícil. Sin duda le tendrían por loco; se enfrentarían con él con ira o, con algo aun peor, con sarcasmo. Pero él estaba preparado a que le tomaran por loco por causa de Cristo.

En estos versículos, Pablo estaba tratando de defender y demostrar la independencia de su Evangelio. No lo había recibido de ningún hombre, sino de Dios. No lo consultó con ninguna persona, sino con Dios. Pero, mientras escribía, se retrató a sí mismo inconscientemente como un hombre que tenía valor para testificar de su cambio y predicar su Evangelio en los lugares más difíciles.

UNO QUE NO SE DEJABA INTIMIDAR

Gálatas 2:1-10

Catorce años después subí otra vez a Jerusalén con Bernabé, llevando también conmigo a Tito. Subí a consecuencia de un mensaje que había recibido directamente de Dios; y les presenté el Evangelio que tengo costumbre de predicar entre los gentiles, porque no quería pensar que el trabajo que estaba tratando de hacer y que había hecho no iba a servir para nada. Esto lo hice en una conversación privada con los que eran más considerados en la Iglesia. Pero, ni siquiera a Tito, que estaba conmigo y que era griego, le obligaron a circuncidarse. Es cierto que trataron de circuncidarle para complacer a algunos falsos hermanos que se habían introducido furtivamente en nuestra comunidad, y habían incorporado a nuestra compañía para espiar la libertad que disfrutamos en Cristo, porque deseaban reducirnos a su propio estado de esclavitud. Pero no les rendimos sumisión ni por un instante. Permanecimos firmes para que la verdad del Evangelio siguiera con vosotros. Pero de los que eran más considerados —lo que fueran antes no me importa lo más mínimo, Dios no tiene favoritos—, esos hombres de reputación no me impartieron ningún conocimiento nuevo; pero, por otra parte, cuando vieron que a mí se me había confiado la predicación del Evangelio en el mundo no judío, exactamente igual que a Pedro se le había confiado en el mundo judío —porque el Que actuó en Pedro para hacerle apóstol del mundo judío actuó también en mí para hacerme apóstol del mundo no judío —y cuando se percataron de la gracia que se me había otorgado, Santiago, Cefas y Juan, a los que todos consideraban los pilares de la Iglesia, nos dieron señal de compañerismo a mí y a Bernabé, totalmente de acuerdo en que nosotros fuéramos al mundo no judío,

y ellos al mundo judío. La única cosa que nos encarga-
ron fue que nos acordáramos de los pobres —que es
algo que yo siempre tengo presente.

En el pasaje anterior, Pablo ha demostrado la independencia
de su Evangelio; aquí está interesado en demostrar que esa
independencia no es anarquía, y que su Evangelio no es algo
cismático ni sectario ni distinto de la fe que se ha entregado
a la Iglesia.

Después de un trabajo de catorce años, subió a Jerusalén
llevando consigo a Tito, un joven amigo y adepto que era
griego. Esa visita no fue fácil en ningún sentido. Al escribir,
Pablo muestra una cierta inquietud mental. Hay un desorden
de palabras en el original que es difícil de reproducir en español. El problema de Pablo era que no podía decir demasiado
poco para no parecer que estaba abandonando sus principios;
y no podía decir demasiado, porque parecería estar en desacuerdo con los responsables de la Iglesia. El resultado de
tamaña tensión fue que la sintaxis se le quebró y desconectó
a Pablo reflejando su ansiedad.

Desde el principio, los verdaderos responsables de la Iglesia
aceptaron la posición de Pablo; pero hubo otros que se propu-
sieron domesticar su espíritu ardiente. Había algunos que,
como ya hemos visto, aceptaban el Evangelio, pero creyendo
que Dios no concedía ningún privilegio a los que no fueran
judíos; y que, por tanto, antes de que un gentil pudiera ser
cristiano, tenía que ser circuncidado y asumir la totalidad de
la Ley. Estos judaizantes, como se los llama, tomaron el caso
de Tito como un prueba. Hay una batalla detrás de este pasaje;
y parece probable que los responsables de la Iglesia presiona-
ran a Pablo para que, por mor de la paz, cediera en el caso de
Tito. Pero él se mantuvo firme como una roca. Sabía que ceder
habría sido someterse a la esclavitud de la ley y dar la espalda
a la libertad que hay en Cristo. Por último, la determinación
de Pablo obtuvo la victoria. En principio se aceptó que llevaría
a cabo su obra en el mundo no judío, y Santiago y Pedro la

suya en el mundo judío. Hay que tener muy en cuenta que no se trataba de predicar dos evangelios diferentes; era el mismo Evangelio el que se predicaba en dos esferas diferentes, por personas diferentes, especialmente cualificadas para hacerlo.

De este cuadro se deducen claramente ciertas características de Pablo.

(i) Era un hombre que daba a la autoridad el debido respeto. No iba por libre. Fue y habló con los responsables de la Iglesia, aunque tuviera sus diferencias con ellos. Es una ley de vida importante, y olvidada con frecuencia, que por mucha razón que tengamos, nada se puede obtener con rudeza. No hay nunca razones para que la cortesía y las firmes convicciones no puedan ir de la mano.

(ii) Era un hombre que no se dejaba intimidar. Menciona repetidas veces la reputación que disfrutaban los responsables y los pilares de la Iglesia. Pablo los respetaba y trataba con cortesía; pero permanecía inflexible. Hay tal cosa como respeto; y hay tal cosa como sumisión rastrera a los que el mundo o la iglesia considera grandes. Pablo estaba siempre seguro de que buscaba, no la aprobación de los hombres, sino la de Dios.

(iii) Era un hombre consciente de tener una tarea especial. Estaba convencido de que Dios le había confiado una tarea, y no permitía que ni la oposición desde fuera ni el desánimo desde dentro le impidieran cumplirla. La persona que sabe que Dios le ha confiado una tarea siempre descubrirá que Dios le ha dado también una fuerza suficiente para llevarla a cabo.

LA UNIDAD ESENCIAL

Gálatas 2:11-13

> *Pero cuando Pedro vino a Antioquía, yo me opuse a él cara a cara, porque era de condenar. Antes de que llegaran unos de parte de Santiago, tenía costumbre de*

*comer con los gentiles. Cuando vinieron, se retrajo y se
separó, porque les tenía miedo a los del bando de la
circuncisión. Los demás judíos también hicieron el hi-
pócrita con él, de tal manera que hasta Bernabé se
desvió con ellos en sus posturas hipócritas.*

El problema no se había terminado ni muchísimo menos.
Una parte importante de la vida de la Iglesia original era una
comida en común que llamaban el *Agapê,* o Fiesta del Amor.
En esta fiesta, toda la congregación se reunía para participar
de una comida general provista mediante un reparto de los
recursos o medios que se tuvieran. Para muchos de los esclavos
debe de haber sido la única comida decente que hacían en toda
la semana; y expresaba de una manera muy especial la comunión de los cristianos.

Eso parece, a primera vista, una cosa muy hermosa. Pero
debemos recordar el exclusivismo rígido de los judíos más
fanáticos. Se consideraban el pueblo escogido de tal manera
que implicaba el rechazo de todos los demás. «El Señor es
misericordioso y lleno de gracia. Pero lo es solamente con los
israelitas; a las otras naciones las aterra.» «Los gentiles son
como estopa o paja que se quema, o como las motas que
dispersa el viento.» «Si un hombre se arrepiente, Dios le acepta; pero eso se aplica solamente a Israel, y no a los gentiles.»
«Ama a todos, pero odia a los herejes.» Este exclusivismo
entraba en la vida diaria. Un judío estricto tenía prohibido hasta
tener una relación comercial con un gentil; no debía hacer un
viaje con un gentil; no debía ni dar hospitalidad ni aceptarla
de un gentil.

Aquí en Antioquía surgió un problema tremendo: en vista
de todo esto, ¿podían sentarse juntos los judíos y los gentiles
en una comida congregacional? Si se cumplía la ley antigua,
está claro que era imposible. Pedro vino a Antioquía, y, en un
principio, apartándose de los antiguos tabúes en la gloria de
la nueva fe, participaba de la comida en común entre judíos
y gentiles. Entonces llegaron algunos de Jerusalén que eran del

bando judío tradicionalista. Usaban el nombre de Santiago, aunque seguramente no representaban su punto de vista, y se metieron tanto con Pedro que acabó por retirarse de la comida congregacional. Los otros judíos se retiraron también con él, y por último hasta Bernabé se vio implicado en esta secesión. Fue entonces cuando Pablo habló con toda la intensidad de que era capaz su naturaleza apasionada, porque vio claramente algunas cosas.

(i) Una iglesia deja de ser cristiana cuando hace discriminación de clases. En la presencia de Dios, una persona no es judía ni gentil, noble ni plebeya, rica ni pobre; es un pecador por quien Cristo murió. Si las personas comparten una común filiación, también tienen que ser hermanas.

(ii) Pablo vio que esa acción intensa era necesaria para contrarrestar la escisión que había tenido lugar. No esperó; intervino. No influía en él el hecho de que estuviera en ello el nombre y la conducta de Pedro. Era algo malo, y eso era todo lo que le importaba a Pablo. Un nombre famoso no puede nunca justificar una acción infame. La acción de Pablo nos da un ejemplo gráfico de cómo un hombre fuerte en su firmeza puede poner en jaque una desviación del curso correcto antes de que se convierta en una riada.

EL FIN DE LA LEY

Gálatas 2:14-17

Pero cuando vi que se estaban desviando del recto sendero que establece el Evangelio, le dije a Pedro delante de todos los demás: «Si tú, que eres judío de nacimiento, escoges vivir como un gentil y no como un judío, ¿por qué obligas a los gentiles a vivir como judíos? Nosotros somos judíos por naturaleza, no somos pecadores gentiles, como se los llama; y sabemos que nadie se justifica con Dios porque haya hecho lo que

establece la ley, sino solamente mediante la fe en Je-
sucristo. Ahora hemos aceptado esta fe en Jesucristo
para estar en la debida relación con Dios, y esa fe no
tiene nada que ver con las obras que establece la ley,
porque nadie puede llegar a estar en relación con Dios
haciendo las obras que manda la ley. Ahora bien, si en
nuestra búsqueda de llegar a estar en la debida relación
con Dios por medio de Jesucristo nosotros también nos
encontramos como los que se llaman pecadores, ¿vais
a decir que Cristo está al servicio del pecado? ¡No lo
permita Dios!»

Aquí se llega por fin a la verdadera raíz del asunto. Se estaba
imponiendo una decisión que no se podía aplazar mucho más.
El hecho del asunto era que la decisión de Jerusalén había sido
una componenda; y, como todas las componendas, tenía en sí
misma el germen de la discordia. En efecto, la decisión había
sido que los judíos seguirían viviendo como judíos, observando
la circuncisión y la ley, pero que los gentiles eran libres de estas
obligaciones. Estaba claro que las cosas no podían seguir así,
porque la consecuencia inevitable era que se produjeran dos
tipos de cristianos, y dos clases distintas dentro de la Iglesia.
El razonamiento de Pablo seguía este camino. Le dijo a Pedro:
«Tú compartiste la mesa con los gentiles; tú comiste como
ellos; por tanto, tú aceptaste en principio que no hay nada más
que un camino tanto para los judíos como para los gentiles.
¿Cómo puedes ahora volverte atrás, y querer que los gentiles
se circunciden y se sometan a la ley?» Aquello no tenía sentido
para Pablo.

Aquí debemos estar seguros del sentido de una palabra.
Cuando los judíos aplicaban la palabra *pecadores* a los gentiles,
no estaban pensando en sus cualidades morales, sino en la
observancia de la ley. Para dar un ejemplo: *Levítico 11* establece los animales que se pueden comer, y los que no. Una
persona que comiera liebre o cerdo, quebrantaba estas leyes,
y se convertía en un *pecador* en este sentido del término. Así

es que Pedro respondería a Pablo: «Pero, si yo como con los gentiles y como lo mismo que ellos, me convierto en un pecador.» La respuesta de Pablo era doble. Primero, decía: «Estuvimos de acuerdo hace mucho en que ninguna cantidad de cumplimiento de la ley puede hacer que una persona esté en la debida relación con Dios. Eso solo puede lograrse por Gracia. Una persona no puede ganar, sino que tiene que aceptar el ofrecimiento generoso del amor de Dios en Jesucristo. Por tanto, todo lo relativo a la ley es irrelevante.» A continuación decía: «Tú dices que el dejar de lado todo lo referente a reglas y normas te convertirá en un pecador. Pero eso es precisamente lo que Jesucristo te dijo que hicieras. No te dijo que trataras de ganar la salvación comiendo de este animal y no comiendo del otro. Te dijo que te rindieras sin reserva a la Gracia de Dios. ¿Vas a suponer entonces que Él te enseñó a convertirte en pecador?» Está claro que no podía haber nada más que una conclusión adecuada a este problema: Que la vieja ley había sido abolida.

A este punto se había llegado. No podía ser verdad que los gentiles vinieran a Dios por la Gracia, y los judíos por la Ley. Para Pablo no había más que una realidad: la Gracia, y era mediante el rendimiento a esa Gracia como todos los hombres tenían que llegar a Dios.

Hay dos grandes tentaciones en la vida de la Iglesia; y, en cierto sentido, cuanto mejor sea una persona tanto más propensa está a caer. Primero: existe la tentación de tratar de ganar el favor de Dios; y segundo: la tentación de usar algún pequeño logro para compararse con los semejantes con ventaja propia y desventaja ajena. Pero un cristianismo al que le queda demasiado del yo como para pensar que por sus propios esfuerzos puede acomprar el favor de Dios, y que por sus propios logros puede mostrarse superior a otros, no es el verdadero Cristianismo de ninguna manera.

LA VIDA CRUCIFICADA Y RESUCITADA

Gálatas 2:18-21

Si yo reconstruyo las mismas cosas que he echado abajo, no consigo más que quedar como transgresor. Porque por medio de la Ley yo he muerto a la Ley para vivir para Dios. He sido crucificado con Cristo. Es verdad que estoy vivo; pero ya no soy yo el que vive, sino Cristo el Que vive en mí. La vida que estoy viviendo ahora, aunque sigue siendo en la naturaleza humana, es una vida que vivo por fe en el Hijo de Dios, Que me amó y Se dio a Sí mismo por mí. No voy a cancelar la Gracia de Dios; porque, si yo hubiera podido llegar a estar en paz con Dios por medio de la Ley, entonces la muerte de Cristo habría sido innecesaria.

Pablo habla desde las profundidades de la experiencia personal. Para él, el reerigir toda la fábrica de la Ley habría sido cometer un suicidio espiritual. Dice que por la Ley él murió a la Ley parra poder vivir para Dios. Lo que quiere decir es esto: Él había probado el camino de la Ley. Había intentado, con toda la terrible intensidad de su cálido corazón, ponerse en relación con Dios mediante una vida que buscaba obedecer cada pequeño detalle de esa Ley. Había encontrado que tal intento no producía más que un sentimiento cada vez más profundo de que todo lo que él pudiera hacer nunca le pondría en la debida relación con Dios. Lo único que había hecho la Ley era mostrarle su propia indefensión. En vista de lo cual, había abandonado inmediata y totalmente aquel camino, y se había arrojado, pecador y todo como era, en los brazos de la misericordia de Dios. Había sido la Ley lo que le había conducido a la Gracia de Dios. El volver a la Ley no habría hecho más que enredarle otra vez totalmente en el sentimiento de alejamiento de Dios. Tan grande había sido el cambio, que la única manera en que podía describirlo era diciendo que había sido crucificado con Cristo para que muriera el hombre que   había sido, y el poder viviente en su interior ahora era Cristo mismo.

«Si yo pudiera ponerme en la debida relación con Dios cumpliendo meticulosamente la Ley, ¿qué falta me haría entonces la Gracia? Si yo pudiera ganar mi propia salvación, entonces, ¿por qué tenía que morir Cristo?» Pablo estaba totalmente seguro de una cosa: de que Jesucristo había hecho por él lo que él nunca podría haber hecho por sí mismo. El otro hombre que revivió la experiencia de Pablo fue Martín Lutero. Lutero era un dechado de disciplina y penitencia, de autonegación y de autotortura. «Si alguna vez —decía— una persona pudiera haberse salvado por medio del monacato, esa persona sería yo.» Había ido a Roma. Se consideraba un acto de gran mérito el subir la Scala Sancta, la gran escalera sagrada, de rodillas. Estaba poniendo todo su empeño buscando ese mérito, y repentinamente le vino la voz del Cielo: «El justo vivirá por la fe.» La vida de paz con Dios no se podía obtener por medio de ese esfuerzo inútil, interminable, siempre derrotado. Solo se podía recibir arrojándose al amor de Dios que Jesucristo había revelado a la humanidad.

Cuando Pablo Le tomó la Palabra a Dios, la medianoche de la frustración de la Ley se convirtió en el mediodía de la Gracia.

EL DON DE LA GRACIA

Gálatas 3:1-9

¡Oh gálatas insensatos! ¿Quién os ha echado mal de ojo, precisamente a vosotros, ante cuyos ojos Jesucristo fue presentado sobre Su Cruz? Decidme simplemente esto: ¿Recibisteis el Espíritu por hacer las obras que establece la Ley, o porque escuchasteis y creísteis? ¿Es que os habéis vuelto tan torpes? Después de empezar

vuestra experiencia de Dios en el Espíritu, ¿ahora vais a tratar de completarla haciendo que dependa de lo que pueda hacer la naturaleza humana? ¿Es que no os ha servido para nada la experiencia tremenda que habéis tenido, que vais a desprenderos de ella sin recibir nada a cambio? El que os dio tan generosamente el Espíritu y obró maravillas entre vosotros, ¿lo hizo porque vosotros producíais las obras que establece la Ley, o porque oísteis y creísteis? ¿No os sucedió exactamente lo mismo que a Abraham? Abraham confió en Dios, y fue eso lo que se le contó como si hubiera sido justo. Así que debéis daros cuenta de que son los que emprenden la aventura de la fe los que son los verdaderos hijos de Abraham. La Escritura previó que sería por la fe por lo que Dios traería a los gentiles a la correcta relación consigo Mismo, y le comunicó la Buena Noticia a Abraham antes de que sucediera: «En ti serán benditas todas las naciones.» Así que son los que se embarcan en la misma aventura de la fe los que son benditos juntamente con el creyente Abraham.

Pablo usa todavía otro argumento para mostrar que es la fe lo que pone a una persona en relación con Dios, y no las obras de la Ley. En la Iglesia original, los convertidos casi siempre recibían el Espíritu Santo de una manera sensible. Los primeros capítulos de *Hechos* muestran como sucedió una y otra vez (Cp. *Hechos 8:14-17; 10:44*). Venía a ellos un nuevo brote de vida y de poder que todos podían constatar. Esa experiencia la habían tenido los gálatas; y no, decía Pablo, porque hubieran obedecido las disposiciones de la Ley, porque en aquel tiempo ni siquiera habían oído hablar de la Ley; sino porque habían escuchado la Buena Nueva del amor de Dios, y habían respondido con un acto de perfecta confianza.

La manera más fácil de captar una idea es verla encarnada en una persona. En cierto sentido, toda gran idea tiene que hacerse carne. Así que Pablo les señaló a los gálatas a un hombre que encarnaba la fe: Abraham. El hombre al que Dios había hecho la gran promesa de que todas las familias de la Tierra serían benditas en él *(Génesis 12:3).* Fue el hombre que Dios escogió especialmente como el que Le agradó. ¿En qué fue en lo que Abraham agradó a Dios especialmente? No fue por hacer las obras de la Ley, porque en aquel tiempo la Ley ni siquiera existía; fue por tomarle la Palabra a Dios en un gran acto de fe.

Ahora bien, la promesa de bendición se les hizo a los descendientes de Abraham. En eso confiaban los judíos; mantenían que el hecho escueto de ser descendientes naturales de Abraham los colocaba en una relación con Dios totalmente distinta de la de los otros pueblos. Pablo declara que el ser un auténtico descendiente de Abraham no es cosa de la naturaleza física; el verdadero descendiente es el que hace la misma aventura de la fe que hizo Abraham. Por tanto, no son los que tratan de obtener méritos por medio de la Ley los que heredan la promesa que se le hizo a Abraham, sino los de cualquier nación que reproducen su acto de fe en Dios. Fue sin duda con un acto de fe como empezaron los gálatas. ¿Cómo iban ahora a retroceder al legalismo, y perder su herencia?

Esta pasaje está lleno de palabras griegas con historia, palabras que transmitían un cierto ambiente y una cierta experiencia. En el versículo 1, Pablo habla acerca del *mal de ojo.* Los griegos le tenían mucho miedo al embrujo causado por el mal de ojo. Una y otra vez las cartas privadas terminan con una frase como: «Por encima de todo, rezo para que disfrutes de salud *sin sufrir daño del mal de ojo,* y que te vaya bien» (Milligan, *Selections from the Greek Papyri,* Nº 14).

En el mismo versículo dice que Jesucristo les fue *presentado sobre Su Cruz.* Es la palabra griega *prografein,* que se usaba con el sentido de poner un cartel. Se usaba de hecho de una noticia que ponía un padre en un sitio visible para hacer saber que ya no se hacía responsable de las deudas de su hijo; también se usaba con el sentido de poner el anuncio de una subasta.

En el versículo 4, Pablo habla de empezar la experiencia en el Espíritu, y acabar en la carne. Las palabras que usa son los términos griegos normales para iniciar y completar un sacrificio. La primera, *enárjesthai,* es la palabra para echar granos de cebada por encima y alrededor de la víctima, que era lo primero que se hacía en un sacrificio; y la segunda, *epiteleîsthai,* es la palabra que se usaba para completar el ritual de cualquier sacrificio. Al usar estas dos palabras, Pablo muestra que considera la vida cristiana como un sacrificio que se ofrece a Dios.

El versículo 5 habla de la manera tan generosa como Dios había tratado a los gálatas. La raíz de esta palabra es la griega *joreguía* de *joros,* coro. En los días antiguos de Grecia, en los grandes festivales, los dramaturgos como Eurípides y Sófocles presentaban sus dramas; las obras dramáticas griegas requerían un coro; el equipar y preparar un coro era caro, y algunos griegos con conciencia pública se ofrecían generosamente a cubrir todos los gastos del coro. (Ese regalo se llamaba *joreguía*). Más tarde, en tiempo de guerra, los ciudadanos concienzudos daban aportaciones al estado, y a estas también se las designaba con el nombre de *joreguía.* Y, todavía en un griego posterior, en los papiros, esta palabra se usa corrientemente en contratos matrimoniales, y describe el mantenimiento que un marido, en su amor, se comprometía a darle a su mujer. *Joreguía* subraya la generosidad de Dios; una generosidad que nace del amor, de la que son pálidos reflejos el amor de un ciudadano a su ciudad y de un hombre a su mujer.

LA MALDICIÓN DE LA LEY

Gálatas 3:10-14

> *Todos los que dependen de las obras que establece*
> *la Ley están bajo una maldición, porque escrito está:*
> *«Maldito sea todo el que no obedezca y cumpla concien-*

*zudamente todas las cosas que están escritas en el li-
bro de la Ley.» Está claro que nadie alcanza jamás la
debida relación con Dios por medio de este legalismo;
porque, como dice la Biblia: «Es el hombre que está en
relación con Dios mediante la fe el que vivirá.» Pero la
Ley no está basada en la fe. Y sin embargo la Escritura
dice: «El hombre que haga estas cosas tendrá que vivir por ellas.» Cristo nos redimió de la maldición de la
Ley asumiéndola por nosotros —porque está escrito:
«Maldito sea todo aquel que es colgado de un madero.»
Y todo esto sucedió para que la bendición de Abraham
alcanzara en Cristo a los gentiles, y para que nosotros
pudiéramos recibir por medio de la fe el Espíritu
prometido.*

El razonamiento de Pablo trata de colocar a sus oponentes en un tincón del que no se puedan escapar. «Supongamos
—les dice— que decidís que vais a tratar de obtener la aprobación de Dios aceptando y obedeciendo la Ley, ¿cuáles serán
las consecuencias inevitables?» En primer lugar, el que dé ese
paso tendrá que mantenerse o caer por su decisión; si escoge
la Ley, tiene que vivir por ella. Segundo, ninguna persona ha
conseguido, ni conseguirá jamás, guardar siempre la Ley a
rajatabla. Tercero, en ese caso, se está maldito, porque la misma
Escritura dice (*Deuteronomio 27:26*) que el hombre que no
guarde toda la Ley está bajo maldición. Por tanto, la consecuencia inevitable de tratar de llegar a la relación con Dios
haciendo de la Ley el principio de la vida es decidirse por una
maldición.

Pero hay otro dicho en la Escritura: «Es el hombre que está
en la debida relación con Dios mediante la fe el que de veras
vivirá» (*Habacuc 2:4*). La única manera de llegar a estar en
la debida relación con Dios, y por tanto la única forma de
alcanzar la paz, es el camino de la fe. Pero el principio de la
Ley y el principio de la fe son antitéticos; no se puede dirigir
la vida por los dos al mismo tiempo; hay que escoger; y la única

elección lógica es abandonar el legalismo y aventurarse en la fe de tomarle la Palabra a Dios y confiar en Su amor.

¿Cómo podemos saber que esto funciona? El Garante definitivo de esta verdad es Jesucristo; y para hacer llegar esta verdad hasta nosotros tuvo que morir en la Cruz. Ahora bien: la Escritura dice que todo el que es colgado de un madero está maldito *(Deuteronomio 21: 23);* así que, para libertarnos de la maldición de la Ley, Jesús mismo tuvo que asumirla.

Aun en su más difícil presentación, que bien puede ser esta, un hecho sencillo pero tremendo no estaba nunca lejos de la mente y el corazón de Pablo: *El costo del Evangelio cristiano.* Pablo no podía olvidar nunca que la paz, la libertad, la relación filial con Dios que poseemos, costó la vida y muerte de Jesucristo; porque, ¿cómo podríamos haber conocido nunca cómo es Dios a menos que Jesucristo hubiera muerto para mostrarnos Su gran amor?

EL PACTO QUE NO SE PUEDE ALTERAR

Gálatas 3:15-18

Hermanos: No puedo usar nada más que una analogía humana. Aquí tenéis el paralelo. Cuando un pacto está debidamente ratificado, aunque se trate del pacto de una sola persona, nadie lo anula ni le añade cláusulas adicionales. Ahora bien: las promesas se hicieron a Abraham y a su simiente. *No dice: «Y a sus* simientes,» *como si se tratara de* muchos, *sino: «Y a su* simiente,» *como si se tratara de* uno, *y ese* Uno *es Cristo. Lo que quiero decir es que la Ley, que entró en acción cuatrocientos treinta años más tarde, no puede anular el pacto ya ratificado por Dios, dejando sin efecto la promesa. Porque, si la herencia dependiera de la Ley, dejaría de depender de la promesa; pero fue por medio de la promesa como Dios confirió Su Gracia a Abraham.*

Cuando leemos pasajes como este y el próximo, tenemos que recordar que Pablo había estudiado la carrera de rabino, y era un experto en los métodos escolásticos de las academias rabínicas. Sabía hacer uso de sus métodos de razonamiento, que serían perfectamente consecuentes para un judío, por muy difícil que nos resulte a nosotros entenderlos.

Su propósito era mostrar la superioridad de la Gracia sobre la Ley. Empieza mostrando que la Gracia es anterior a la Ley. Cuando Abraham emprendió su aventura de la fe, Dios le hizo Su más grande promesa. Es decir: la promesa de Dios fue la consecuencia de un acto de fe; la Ley no empezó a existir hasta el tiempo de Moisés, cuatrocientos treinta años después. Pero —continúa Pablo—, una vez que un pacto o tratado ha sido debidamente ratificado, no se puede alterar ni anular. Por tanto, la Ley posterior no puede alterar la relación anterior de la fe. Fue la fe la que puso a Abraham en relación con Dios; y la fe es todavía el único camino para que una persona se ponga en la debida relación con Dios.

Los rabinos eran muy aficionados a usar razonamientos que dependieran de la interpretación de una palabra aislada; erigían toda una teología sobre una sola palabra. Pablo toma una palabra de la historia de Abraham, y levanta un razonamiento sobre ella. Como la antigua versión Reina-Valera traducía *Génesis 17:7-8,* Dios le dijo a Abraham: «Y estableceré mi pacto entre mí y ti, y tu *simiente* después de ti,» y dice de Su herencia: «Y te daré a ti, y a tu *simiente* después de ti.» (*Simiente* se traduce más claramente por *descendiente;* las revisiones posteriores de la Reina-Valera ponen *descendencia).* El razonamiento de Pablo se basa en que *simiente* se usa en singular y no en plural; y que, por tanto, la promesa de Dios no se refiere a una gran multitud de gente, sino a un único individuo; y —razona Pablo—, la *única Persona* en Quien el pacto encuentra su consumación es Jesucristo. Por tanto, el camino a la paz con Dios es el de la fe, que fue el que siguió Abraham; y nosotros debemos recorrerlo mirando a Jesucristo por la fe.

Una y otra vez Pablo vuelve a este mismo punto. El problema de la vida humana es llegar a la debida relación con Dios. Mientras Le tengamos miedo, no podemos tener paz. ¿Cómo podemos obtener esta debida relación? ¿Podrá ser por medio de una obediencia meticulosa y casi torturante de la Ley, cumpliendo incontables obras y observando cada norma diminuta que la Ley establece? Si seguimos ese camino, siempre estaremos en deuda, porque la imperfección humana nunca puede satisfacer plenamente la perfección divina; pero, si abandonamos esta lucha desesperada, y nos presentamos con nuestro pecado ante Dios, Su Gracia nos abre Sus brazos, y nos encontramos en paz con un Dios que ya no es Juez, sino Padre. El razonamiento de Pablo es que esto fue precisamente lo que le sucedió a Abraham. Fue sobre esa base como Dios hizo Su pacto con Abraham; y nada que viniera después podía cambiarlo o anularlo, como nada que venga después de un contrato ratificado y sellado puede alterarlo.

ENCERRADO BAJO EL PECADO

Gálatas 3:19-22

Entonces, para qué sirve la Ley? La Ley se añadió a la situación para decidir lo que son las transgresiones, hasta que viniera la Simiente a la Que se Le había hecho la promesa, que todavía seguía vigente. La Ley fue promulgada por ángeles, y vino por medio de un mediador. Ahora bien: el mediador no lo es solo de una parte; y Dios es una parte. ¿Es que la Ley es contraria a las promesas de Dios? ¡No lo quiera Dios! Si se hubiera dado una ley que fuera capaz de dar la vida, entonces no cabría duda que la relación con Dios habría venido por medio de la ley. Pero las palabras de la Escritura lo encierran todo bajo el poder del pecado, para que la promesa se diera mediante la fe en Jesucristo a los que creen.

Este es uno de los pasajes más difíciles que Pablo escribiera jamás, ¡tan difícil que se le han dado casi trescientas interpretaciones! Empecemos por recordar que Pablo todavía está tratando de demostrar la superioridad de la Gracia y la fe sobre la Ley. Hace cuatro observaciones acerca de la Ley.

(i) ¿Por qué introducir la Ley en ningún sentido? Se introdujo, según lo expresa Pablo, *por causa de las transgresiones.* Lo que quiere decir es que, donde no hay ley, no hay pecado. No se puede condenar a una persona por hacer algo que no estaba prohibido. Por tanto, la función de la Ley es *definir el pecado.* Pero, aunque la Ley puede definir el pecado y eso es lo que hace, no puede hacer nada en absoluto para remediarlo. Es como un médico que fuera experto en diagnosticar pero incapaz de remediar la enfermedad.

(ii) La Ley no la dio Dios directamente. En el antiguo relato de *Éxodo 20, fue* dada directamente por Dios a Moisés; pero en los días de Pablo, los rabinos estaban tan impresionados con la santidad y la lejanía de Dios que creían que era totalmente imposible que Él tratara directamente con los seres humanos; por tanto introdujeron la idea de que la Ley fue dada primero a los ángeles, y luego, por los ángeles a Moisés (cp. *Hechos 7:53; Hebreos 2:2).* Aquí Pablo está usando las categorías rabínicas de su tiempo. La Ley está a una doble distancia de Dios: dada primero a los ángeles, y por ellos al mediador, Moisés. Comparada con *la promesa,* que fue dada directamente por Dios, *la Ley* es una cosa de segunda mano.

(iii) Ahora llegamos a esa frase extraordinariamente difícil: «Y el mediador no lo es de uno solo; pero Dios es uno» (R-V). ¿Qué estaba pensando Pablo aquí? Un tratado basado en la ley siempre implica *dos* partes: una persona que lo da, y otra que lo acepta; y depende de que las dos partes lo cumplan. Esa era la posición de los que ponían su confianza en la Ley: Si la Ley se quebrantaba, todo el acuerdo quedaba anulado. Pero una promesa depende de *una sola* persona. El camino de la Gracia depende totalmente de Dios: es Su promesa. El hombre no puede hacer nada para alterarla. Puede que peque, pero el amor y la Gracia de Dios permanecen inalterables. Para Pablo, la debilidad de la Ley consistía en que dependía de *dos* personas: el Legislador, y el cumplidor; y el hombre lo había echado todo a perder. La Gracia pertenece totalmente a Dios; el hombre no la puede deshacer; y, sin duda, es mejor depender de la Gracia de un Dios inmutable que de los esfuerzos desesperados de una persona indefensa.

(iv) ¿Es, entonces, la Ley antitética de la Gracia? Pablo contestaría en buena lógica que sí; pero, de hecho, contesta que no. Dice que la Escritura ha encerrado a todos bajo pecado. Está pensando en *Deuteronomio 27:26,* donde se dice que todo el que no se ajuste a las palabras de la Ley, queda maldito. De hecho, eso quiere decir *todo el mundo,* porque no ha habido nadie, ni lo habrá, que cumpla perfectamente la Ley. ¿Cuál es entonces la consecuencia de la Ley? Es conducir a todos a la Gracia, porque demuestra la indefensión humana. Este es un pensamiento que Pablo desarrollará en el capítulo siguiente; aquí no hace más que sugerirlo. Que trate alguien de llegar a la debida relación con Dios por medio de la Ley: se dará cuenta de que no puede, y se verá guiado a ver que lo único que puede hacer es aceptar la maravillosa Gracia que Jesucristo vino a revelar a la humanidad.

LA LLEGADA DE LA FE

Gálatas 3:23-29

> *Antes de que apareciera la fe, estábamos bajo vigilancia, bajo el poder de la Ley, encerrados y aguardando el día en que se revelara la fe. Así que la Ley fue realmente nuestro tutor, para conducirnos a Cristo, para que pudiéramos entrar en la debida relación con Dios mediante la fe. Pero ahora que la fe se ha presentado, ya no estamos bajo un tutor; porque todos vosotros sois hijos de Dios por medio de la fe en Jesucristo. Todos*

vosotros, los que habéis sido bautizados en Cristo, os habéis revestido de Cristo. Ya no hay ninguna diferencia entre judíos y griegos, esclavos y libres, varones y hembras; porque todos vosotros sois una sola cosa en Cristo Jesús. Y si pertenecéis a Cristo, entonces sois la simiente de Abraham, y herederos de acuerdo con la promesa.

Pablo está pensando todavía en el papel esencial que representó la Ley en el plan de Dios. En el mundo griego había un siervo en la familia llamado el *paidagogós*. No era el maestro. Era a menudo un esclavo anciano y de confianza que llevaba mucho tiempo con la familia y tenía buen carácter. Estaba a cargo del bienestar moral del niño, y era su deber el comprobar que adquiriera las cualidades esenciales de la verdadera hombría. Tenía una obligación concreta: todos los días tenía que llevar al niño a la escuela, y luego recogerle y llevarle a casa. No intervenía de hecho en la enseñanza del niño; pero su deber era llevarle a salvo a la escuela y dejarle allí bajo la responsabilidad del maestro. Eso —decía Pablo— se parecía a la función de la Ley. Estaba para conducir a la persona a Cristo. No podía llevarle a la presencia de Cristo, pero podía llevarle a una posición desde la que pudiera entrar. Era la función de la Ley el conducir a la persona a Cristo, mostrándole que por sí misma era totalmente incapaz de guardarla. Pero una vez que una persona había llegado a Cristo, ya no necesitaba la Ley, porque ya no dependía de la Ley sino de la Gracia.

«Todos vosotros —decía Pablo— que habéis sido bautizados en Cristo, os habéis revestido de Cristo.» Hay aquí dos alegorías.

El bautismo era un rito judío. Si un hombre quería aceptar la fe judía, tenía que hacer tres cosas: tenía que circuncidarse, que ofrecer sacrificio y que bautizarse. Un lavatorio ceremonial para limpiarse de la contaminación era muy corriente en las prácticas judías (cp. *Levítico, 11-15*).

Los detalles del bautismo judío eran los siguientes: el bautizando se cortaba el pelo y las uñas; se desnudaba totalmente;

el baño bautismal tenía que contener 40 seahs, es decir, unos
300 litros de agua. El agua tenía que tocar todas las partes de
su cuerpo. Hacía su confesión de fe ante tres hombres que eran
sus *padrinos*. Mientras permanecía en el agua se le leían
partes de la Ley, se le dirigían palabras de aliento y se le
impartían bendiciones. Cuando surgía del agua era un miembro
del pueblo judío; había entrado en la fe judía mediante el
bautismo.

Mediante el bautismo cristiano, una persona entraba en
Cristo. Los cristianos originales consideraban el bautismo
como algo que producía una unión real con Cristo. Por supuesto, en una situación misionera en la que los hombres llegaban
directamente del paganismo, el bautismo era, en la mayor parte
de los casos, bautismo de adultos que habían tenido una experiencia que un bebé no podría tener. Pero tan realmente como
un converso judío estaba unido a la fe judía, el converso cristiano estaba unido con Cristo (cp. *Romanos 6:3ss; Colosenses
2:12)*. El bautismo no era un mero rito externo; era una unión
real con Cristo.

Pablo dice a continuación que habían quedado revestidos
de Cristo. Aquí puede que haya una referencia a una costumbre
que existió posteriormente. El bautizando estaba vestido con
una túnica blanca, simbólica de la nueva vida en la que se
introducía. Lo mismo que el iniciado se ponía una nueva ropa
blanca, su vida quedaba revestida de Cristo.

El resultado era que en la Iglesia no había diferencias entre
sus miembros; todos habían llegado a ser hijos de Dios. En el
versículo 28 Pablo dice que las distinciones entre judío y
griego, esclavo y libre, varón y hembra, quedaban borradas.
Hay aquí algo de gran interés. En la oración judía de la mañana, que Pablo habría usado en toda su vida precristiana, un
judío daba gracias a Dios porque «Tú no me has hecho ni un
gentil, ni un esclavo, ni una mujer.» Pablo toma esa oración,
y le da la vuelta. Las viejas distinciones habían desaparecido
en el tiempo del Nuevo Testamento: todos eran una sola cosa
en Cristo.

Ya hemos visto (versículo 16) que Pablo interpreta las promesas hechas a Abraham como cumplidas especialmente en Cristo; y, si estamos incorporados en Cristo, nosotros también heredamos las promesas —y este gran privilegio no nos viene por un cumplimiento legalista de la Ley, sino por un acto de fe en la Gracia gratuita de Dios.

Sólo una cosa puede borrar las distinciones marcadamente aparentes y las separaciones entre una persona y otra; cuando todos estamos en deuda con la Gracia de Dios y estamos en Cristo, solamente entonces seremos todos realmente una sola cosa. No es la fuerza de la persona, sino el amor de Dios lo que puede unir definitivamente un mundo desunido.

LOS DÍAS DE LA NIÑEZ

Gálatas 4:1-7

Esto es lo que quiero decir: Mientras el heredero es un niño, no se diferencia en nada de un esclavo, aunque es el amo de todo; pero está bajo el control de mayordomos y supervisores hasta que llega el día que ha fijado su padre. Eso es lo que sucede con nosotros: Cuando éramos niños, estábamos sujetos al conocimiento elemental que este mundo puede proveer. Pero, cuando llegó la plenitud del tiempo, Dios envió a Su Hijo, nacido de una mujer, nacido bajo la Ley, con el propósito de redimir a los que estábamos sujetos a la Ley, para que fuéramos adoptados como hijos. Porque sois hijos, Dios envió el Espíritu de Su Hijo a nuestros corazones, que clama: «¡Abba! ¡Padre!» Por consiguiente, ya no eres un esclavo, sino un hijo; y como hijo, heredero, que es lo que Dios te ha hecho.

En el mundo antiguo, el proceso del crecimiento estaba mucho más definido que ahora.

En el mundo judío, el primer sábado después de que un niño cumpliera los doce años, su padre le llevaba a la sinagoga, donde llegaba a ser *un hijo de la Ley*. El padre pronunciaba allí una bendición: «¡Bendito seas, oh Dios, que me has relevado de la responsabilidad por este chico!» El chico hacía una oración en la que decía: «¡Oh, mi Dios y Dios de mis padres! En este día solemne y santo, que marca mi paso de la niñez a la virilidad, yo elevo humildemente mis ojos a Ti, y declaro con sinceridad y verdad que, desde ahora en adelante guardaré Tus mandamientos, y asumo la responsabilidad de mis acciones ante Ti.» Había una clara línea divisoria en la vida de un joven; como de la noche a la mañana se hacía un hombre.

(ii) En Grecia, un chico estaba al cuidado de su padre desde los siete hasta los dieciocho años. Entonces llegaba a ser lo que se llamaba un *efebos,* que se podría traducir por *joven,* y estaba dos años bajo la supervisión del estado. Los atenienses estaban divididos en diez *fratríai* o clanes. Antes de que el muchacho llegara a ser un *efebos,* se le recibía en el clan en un festival llamado la *apaturía;* y en un acto ceremonial se le cortaba el pelo largo y se les ofrecía a los dioses. Una vez más, el crecimiento pasaba por un proceso totalmente definido.

(iii) Bajo la ley romana, el año en que un muchacho pasaba a ser un hombre no estaba fijado definitivamente, pero estaba siempre entre los 14 y los 17 años. En un festival sagrado para la familia que se llamaba la *liberalia,* se quitaba la *toga praetexta,* que era una toga con una estrecha banda púrpura por abajo, y se ponía la *toga virilis,* que era la toga corriente que llevaban los adultos. Entonces le llevaban sus amigos y parientes al foro, y le introducían formalmente a la vida pública. Era esencialmente una ceremonia religiosa. Y una vez más había un día totalmente definido en el que el muchacho alcanzaba la categoría de hombre. Había una costumbre romana según la cual el día que un chico o una chica alcanzaban la edad, el chico ofrecía su balón, y la chica su muñeco a Apolo para mostrar que prescindían de las cosas infantiles.

Cuando un chico era *menor de edad* a los ojos de la ley, podía ser el dueño de una propiedad considerable, pero no podía hacer ninguna decisión legal, ni estaba en control de su propia vida; todo se le hacía, y se le dirigía en todo; y, por tanto, para todos los efectos prácticos, no tenía más libertad que si hubiera sido un esclavo; pero cuando llegaba a ser un hombre, entraba en posesión de su herencia.

De la misma manera —sigue razonando Pablo—, en la infancia del mundo la Ley ejercía su dominio. Pero la Ley no era más que un conocimiento elemental. Para describir esto Pablo usa la palabra *stoijeía.* Un *stoijeion* (singular) era originalmente una línea de cosas; por ejemplo: se podía referir a una fila de soldados. Pero llegó a significar el abecedario, y por tanto cualquier conocimiento elemental.

Tiene otro significado que algunos sostienen que es el de aquí: los elementos de los que está formado el universo, y especialmente los cuerpos celestes. El mundo antiguo estaba asediado por la fe en la astrología. Si una persona nacía bajo una cierta estrella, su destino —eso creían— estaba decidido. Todo el mundo vivía bajo la tiranía de las estrellas y anhelaba liberarse. Algunos investigadores creen que Pablo está diciendo que hubo un tiempo en que los gálatas habían vivido bajo la tiranía de esa fe en la inevitable influencia de las estrellas. Pero todo el mensaje parece más bien sugerir que el sentido en él de *stoijeía* es el de *conocimiento rudimentario.*

Pablo dice que cuando los gálatas —e igualmente toda la humanidad— no eran más que niños, estaban bajo la tiranía de la Ley; entonces, cuando todo estuvo dispuesto, Cristo vino a liberar a la humanidad de esa tiranía. Así es que ahora las personas ya no son esclavas de la Ley; han llegado a ser hijos e hijas, y han llegado a poseer su herencia. La niñez que correspondía a la Ley había de pasar; la libertad de la humanidad ha llegado.

La prueba de que somos hijos se manifiesta en el clamor instintivo del corazón. El ser humano clama en su más profunda necesidad a Dios: «¡Padre!» Pablo usa dos palabras:

«¡Abba! ¡Padre!» *Abba* es la palabra aramea para *padre;* o, más exactamente, *papá*. Debe de haber estado a menudo en labios de Jesús, y su sonido era tan sagrado para los que se lo oyeron pronunciar que lo transcribieron en Su lengua original. Este clamor instintivo del corazón humano, Pablo cree que es la expresión de la obra del Espíritu Santo. Si nuestros corazones claman así, sabemos que somos hijos, y que toda la herencia de la Gracia es nuestra.

Para Pablo, el que gobernara su vida por la esclavitud a la Ley era todavía un niño; el que había aprendido el camino de la Gracia había llegado a ser una persona madura en la fe cristiana.

PROGRESO AL REVÉS

Gálatas 4:8-11

Hubo un tiempo cuando no conocíais a Dios, y erais esclavos de dioses que no son dioses ni son nada; pero ahora que conocéis a Dios —o, más bien, ahora que Dios os conoce—, ¿cómo podéis volveros otra vez a las cosas elementales, débiles e inútiles? Porque parece ser que queréis esclavizaros a ellas otra vez. Observáis meticulosamente los días y los meses y las estaciones y los años. Mucho me temo que todo el trabajo que me he tomado con vosotros no haya servido para nada.

Pablo sigue basando su argumento en la convicción de que la Ley es una etapa elemental de la religión, y que una persona madura se apoya sobre la Gracia. La Ley no estaba mal en los tiempos antiguos, cuando no se conocía nada mejor. Pero ahora hemos llegado a conocer a Dios y Su Gracia. Inmediatamente, Pablo se corrige a sí mismo: no hay nadie que pueda conocer a Dios por medios e iniciativa propios; Dios Se revela a la criatura humana en Su Gracia. Nunca podríamos buscar a Dios si no fuera porque Él ya nos ha encontrado. Así es que Pablo pregunta: «¿Es que vais a volver atrás a una etapa que vosotros debierais haber superado hace mucho?»

Pablo llama a las cosas elementales, la religión basada en la Ley, *débil e inútil.*

(i) Es *débil* porque no es eficaz. Puede definir el pecado; puede convencer a una persona de que es pecadora; pero no puede ni encontrar para ella el perdón de sus pecados pasados ni la fuerza para conquistar las tentaciones en el futuro.

(ii) Es *ineficaz* en comparación con el esplendor de la Gracia. Por su propia naturaleza, la Ley no puede referirse nada más que a una situación. Para cada nueva situación se necesita una nueva ley. Pero la maravilla de la Gracia es que es *poikilos,* que quiere decir *de muchos colores, para toda la gama de las situaciones humanas.* Es decir: no hay ninguna situación posible de la vida que la Gracia no pueda resolver; es suficiente para todas las necesidades.

Una de las características de la ley judía era la observancia de tiempos especiales. En este pasaje, *los días* son los sábados de cada semana; *los meses* son las nuevas lunas; *las estaciones* son las grandes fiestas anuales, como la Pascua, Pentecostés y Tabernáculos; *los años* son los años sabáticos, es decir, cada séptimo año. El fracaso de una religión que depende de ocasiones especiales es que casi inevitablemente divide los días en sagrados y seculares; y la consecuencia casi inevitable es que cuando una persona ha cumplido meticulosamente los días sagrados, es propensa a pensar que ha cumplido sus deberes para con Dios.

Aunque eso era la religión del legalismo, estaba muy lejos de ser la religión profética. Se ha dicho que el antiguo pueblo hebreo no tenía una palabra en su lengua que correspondiera a la palabra *religión* como la usamos corrientemente ahora. La totalidad de la vida tal como ellos la veían venía de Dios, y estaba sujeta a Su Ley y gobierno. No podía haber ninguna parte separada de ella en su pensamiento que se denominara «religión.»

Jesucristo no dijo: «Yo he venido para que tengan religión,» sino: «Yo he venido para que tengan vida, y la tengan en abundancia.» Si hacemos de la religión algo que consiste en la observancia de momentos especiales, la hemos convertido en algo externo. Para el que es cristiano de veras, todos los días son el día del Señor.

Pablo tenía el temor de que las personas que habían llegado a conocer el esplendor de la Gracia se volvieran otra vez al legalismo, y que los que habían vivido una vez en la presencia del Señor limitaran Su soberanía a unos días especiales.

LA LLAMADA DEL AMOR

Gálatas 4:12-20

Hermanos, os lo suplico: Haceos como yo, porque yo me hice como vosotros. No tengo queja de la manera como me tratasteis una vez. Vosotros sabéis que fue porque estaba enfermo por lo que os prediqué el Evangelio al principio. Tendríais la tentación de mirarme con desprecio y volverme la espalda con asco; pero no lo hicisteis, sino que me recibisteis como si fuera un ángel de Dios, como habríais recibido al mismo Jesucristo. Yo tuve una vez motivos para felicitaros. ¿Qué ha sido de esos motivos? Estoy dispuesto a dar testimonio en vuestro favor de que os habríais sacado vuestros propios ojos para dármelos. Y, entonces, ¿qué? ¿Es que me he convertido en vuestro enemigo por deciros la verdad? No es por ninguna razón respetable por lo que esas otras personas os hacen la rosca, sino porque quieren levantar barreras para que vosotros seáis los que les hagáis el juego a ellos. Siempre está bien el ser celosos en un asunto noble, y eso no solo cuando estoy físicamente presente con vosotros. ¡Hijitos míos, por los que sigo pasando dolores de parto hasta que asumáis la forma

de Cristo! ¡Cuánto me gustaría estar con vosotros aho-
ra! Me encantaría no tener que hablaros así; pero es que
me tenéis de lo más preocupado.

Pablo no les dirige una demostración teológica, sino una
llamada personal. Les recuerda que por amor a ellos se había
hecho como un gentil; había cortado las amarras de las tradiciones en las que se había criado, para hacerse como ellos; y
su llamada es que no deben tratar de hacerse judíos, sino que
hagan como él.

Aquí tenemos una referencia al «aguijón en la carne» de
Pablo. Fue a causa de una enfermedad por lo que llegó a ellos
por primera vez. Tratamos este asunto más extensamente en el
comentario de *2 Corintios 12:7.* Se ha sugerido que se trataba de la persecución de que era objeto; o de las tentaciones de
la carne, que nunca dominó del todo; o de su aspecto físico,
que los corintios consideraban despreciable *(2 Corintios*
10:10). La tradición más antigua es que Pablo sufría de horribles dolores de cabeza que le dejaban postrado. De este mismo
pasaje surgen dos indicaciones.

(i) Los gálatas le habrían dado sus propios ojos si hubieran
podido. Se ha sugerido que Pablo había tenido siempre problemas en la vista, porque le había deslumbrado tanto la visión
del camino de Damasco que desde entonces no podía ver sino
confusa y dolorosamente.

La palabra que traducimos por *no me volvisteis la espalda*
con asco quiere decir literalmente *no me escupisteis.* En el
mundo antiguo era costumbre escupirle a un epiléptico para
evitar la influencia del mal espíritu que se suponía que poseía al enfermo. Así es que se ha sugerido que Pablo sufría
epilepsia.

Si podemos descubrir simplemente cuándo vino Pablo a
Galacia, puede que nos ayudara a deducir por qué vino. Es
posible que *Hechos 13: 13s* describa esa llegada. Ese pasaje
presenta un problema. Pablo, Bernabé y Marcos habían venido
desde Chipre a la tierra firme. Llegaron a Perge de Panfilia,

donde Marcos abandonó el grupo; y entonces se dirigieron a Antioquía de Pisidia, que estaba en la provincia de Galacia. ¿Por qué no predicaron en Panfilia? Era un distrito populoso. ¿Por qué escogieron dirigirse a Antioquía de Pisidia? La carretera que conducía allá, a lo alto de la meseta central, era una de las más dificultosas y peligrosas del mundo. Tal vez fue por eso por lo que Marcos se volvió a su casa. ¿Por qué, entonces, esta huida repentina de Panfilia? La razón puede muy bien que fuera que, puesto que Panfilia y la llanura costera eran distritos en los que la malaria hacía estragos, Pablo contrajo esta enfermedad, y su único remedio sería buscar las tierras más altas de Galacia, lo que le hizo llegar a Galacia enfermo. Ahora bien, la malaria se reproduce y va acompañada de unos dolores de cabeza que inutilizan a la persona, y que se han comparado con los que produciría un hierro candente que le metieran a uno por las sienes. Puede que fuera ese dolor inaguantable el aguijón en la carne de Pablo que le torturaba cuando llegó por primera vez a Galacia.

Pablo habla de los que estaban cortejando a los gálatas para seducirlos; se refiere a los que estaban tratando de persuadirlos a que adoptaran la religión judía. Si hubieran conseguido su propósito, los gálatas habría tenido que rendirles pleitesía para que les permitieran circuncidarse e ingresar en la nación judía. Parecían muy complacientes, pero lo único que querían era ejercer control sobre los gálatas para reducirlos a una condición de esclavitud y dependencia de ellos y de la Ley.

Pablo acaba usando una metáfora gráfica. El llevar a los gálatas a Cristo le había costado verdaderos dolores de parto a él, y tenía que seguirlos pasando. Cristo estaba en ellos, pero en embrión; todavía tenía que darlos a luz de nuevo.

No se puede por menos de percibir el profundo afecto que encierran estas últimas palabras. *Hijitos míos* —los diminutivos expresan siempre ternura en griego y en latín, como en español. Juan usa a menudo esta expresión; pero Pablo, solo aquí; se le salía el corazón del pecho. Haremos bien en notar que Pablo no les echa la bronca con palabras duras; anhelaba a sus hijillos descarriados. Se decía de la famosa misionera y maestra Florence Allshorn que, cuando tenía que regañar a algunos de sus estudiantes, lo hacía rodeándolos con sus brazos. El acento del amor penetrará hasta donde los tonos de la ira no se pueden introducir.

UNA HISTORIA ANTIGUA
CON UN NUEVO SIGNIFICADO

Gálatas 4:21–5:1

Decidme, los que queréis someteros a la Ley: Vosotros prestáis atención cuando se os lee, ¿no es eso? Pues bien, en ella está escrito que Abraham tuvo dos hijos; uno fue el hijo de la chica esclava, y el otro, de la mujer libre. El hijo de la chica esclava nació como nacen normalmente todos los niños, mientras que el hijo de la mujer libre nació en relación con una promesa. Ahora bien, en estas cosas hay una alegoría. Porque estas dos mujeres representan los dos pactos. Uno de estos pactos —el que se originó en el Monte Sinaí— engendra hijos en una condición de esclavitud —y ese es el que está representado por Agar. Ahora bien: Agar representa al Monte Sinaí, que está en Arabia, y que corresponde a la Jerusalén actual; porque esta es esclava, así como sus hijos. Pero la Jerusalén de Arriba es libre, y es nuestra madre. Porque escrito está: «¡Regocíjate, oh estéril, que nunca tuviste hijos! ¡Prorrumpe en gritos de júbilo, oh tú, que no sabías lo que eran los dolores del parto de un niño! Porque los hijos de la que fue abandonada son más que los de la que tuvo marido.» Pero nosotros, hermanos, estamos en la misma posición que Isaac: somos hijos de la promesa. Pero en el tiempo de la antigüedad, el niño que había nacido conforme a la naturaleza humana persiguió al hijo que nació por una razón espiritual; y exactamente la misma cosa sucede ahora. Pero, ¿qué dice la Escritura? «Despide a la mujer esclava y a su hijo, porque el hijo de la esclava no debe heredar con el hijo de la mujer libre.» Así que nosotros, hermanos, no somos hijos de la esclava, sino de la libre. Es para que tengamos esta libertad para lo que Cristo nos ha libertado. Por tanto, manteneos en ella, y no os dejéis uncir otra vez al yugo de la esclavitud.

Cuando tratamos de interpretar un pasaje como este, debemos recordar que para los judíos devotos y estudiosos, y especialmente para los rabinos, la Escritura tenía más de un sentido; y que el sentido literal se consideraba a menudo el menos importante. Para los rabinos judíos, un pasaje de la Escritura tenía cuatro significados. (i) *Peshat,* su sentido sencillo y literal. (ii) *Remaz,* el sentido que sugería. (iii) *Derush,* el sentido que se deduce mediante la investigación. (iv) *Sôd,* el sentido alegórico. Las letras iniciales de estas cuatro palabras —P R D S— eran las consonantes de la palabra *pardés, paraíso;* y cuando una persona conseguía penetrar en estos cuatro sentidos diferentes, ¡alcanzaba el gozo del paraíso!

Es de notar que la cima de todos los significados era el sentido *alegórico.* Por tanto, sucedía a menudo que los rabinos tomaban una porción sencilla de una narración histórica del Antiguo Testamento, y le extraían sentidos ocultos que muchas veces nos parecen fantásticos, pero que eran de lo más convincentes para las personas de su tiempo. Pablo era un rabino instruido; y eso es lo que está haciendo aquí. Toma la historia de Abraham, Sara, Agar, Ismael e Isaac *(Génesis,* capítulos 16, 17, 21), que es una narración seguida en el Antiguo Testamento, y la alegoriza para ilustrar su punto de vista.

El hilo de la historia es el siguiente: Abraham y Sara eran avanzados en años, y Sara no tenía hijos. Ella hizo lo que cualquier esposa habría hecho en aquellos tiempos patriarcales, y le dio a Abraham a su esclava Agar para que ella le diera un hijo en su representación. Agar tuvo un hijo varón, que se llamó Ismael. Mientras tanto, Dios se había revelado a Sara, y le había prometido que tendría un hijo, lo cual era tan difícil de creer que les pareció imposible a Abraham y a Sara; pero a su debido tiempo nació Isaac. Es decir: Ismael nació como resultado de la unión carnal entre un hombre y una mujer, mientras que Isaac nació porque Dios lo prometió. Y Sara era una mujer libre, mientras que Agar era una esclava. Desde el principio, Agar se mostró inclinada a tenerse por superiora de Sara, porque la esterilidad era una lacra vergonzosa para una mujer; había un ambiente cargado de problemas en la familia. Más tarde, Sara encontró a Ismael «burlándose» (R-V) de Isaac —esto lo relaciona Pablo con la persecución de los cristianos por los judíos— e insistió en que se echara de la casa a Agar para que el hijo de la esclava no tuviera parte en la herencia con su hijo libre. Además, Arabia se consideraba una tierra de esclavos donde vivían los descendientes de Agar.

Pablo toma esa antigua historia, y la alegoriza. Agar representa el antiguo pacto de la Ley, hecho en el Monte Sinaí, que está de hecho en Arabia, la tierra de los descendientes de Agar. Agar misma era una esclava, y todos sus hijos nacían en la condición de la esclavitud; y ese pacto cuya base es la Ley hace a las personas esclavas de la Ley. El hijo de Agar nació a consecuencia de impulsos meramente humanos; el legalismo es lo mejor que un ser humano puede hacer. Por otra parte, Sara representa el nuevo pacto en Jesucristo, una nueva manera en que Dios se relaciona con las personas, no por la Ley, sino por la Gracia. Su hijo nació libre, y, como resultado de la promesa de Dios —y todos sus descendientes deben de ser libres. Como el hijo de la joven esclava persiguió al hijo de la mujer libre, los hijos de la Ley ahora persiguen a los hijos de la Gracia y de la promesa. Pero, como al final se echó de casa al hijo de la esclava para que no tuviera parte en la herencia, así al final los que son legalistas serán excluidos por Dios, y no tendrán parte en la herencia de la Gracia.

Aunque todo esto nos parezca muy extraño, encierra una gran verdad. La persona que hace de la Ley el principio de su vida se encuentra en la posición de un esclavo; mientras que la persona que hace de la Gracia el principio de su vida es libre porque, como lo expresó un gran santo, la máxima cristiana es: «Ama a Dios, y haz lo que quieras.» Es el poder de ese amor, y no la obligatoriedad de la Ley, lo que nos mantiene en relación con Dios; porque el amor es más poderoso que la Ley.

LA RELACIÓN PERSONAL

Gálatas 5:2-12

Fijaos bien en que soy yo, Pablo, el que os estoy hablando; y os digo que, si os circuncidáis, Cristo no os sirve para nada. De nuevo, doy mi palabra a todo el que se circuncide, que está obligado a cumplir toda la Ley. Vosotros, los que tratáis de poneros en relación con Dios mediante el legalismo, os habéis colocado en una posición en la que habéis hecho que sea totalmente ineficaz todo lo que Cristo hizo por vosotros. Habéis caído de la Gracia. Porque es por el Espíritu y por la fe por lo que nosotros aguardamos anhelantes la esperanza de estar en la debida relación con Dios. Porque en Jesucristo, no tiene la menor importancia el que uno esté circuncidado o no. Lo que realmente importa es la fe que actúa por medio del amor. Vosotros corríais bien. ¿Quién os ha comido el coco para que dejéis de obedecer a la verdad? Esa persuasión a la que se os está sometiendo ahora mismo no procede del Que os llama. Un poco de levadura leuda toda la masa. Tengo confianza en vosotros y en el Señor, y estoy seguro de que no vais a seguir otro sistema. El que os está inquietando —quienquiera que sea— tendrá que asumir su responsabilidad en el juicio. Y, por lo que a mí respecta, hermanos, si yo sigo predicando que la circuncisión es necesaria, ¿por qué me siguen persiguiendo? Así se habría eliminado el escándalo de

la Cruz, ¿no es eso? ¡Ojalá que los que os están inquie-
tando llegaran, no solo a circuncidarse, sino a castrarse!

La postura de Pablo era que el camino de la Gracia y el de
la Ley se excluían mutuamente. El camino de la Ley hace que
la salvación dependa exclusivamente del esfuerzo humano; el
que toma el camino de la Gracia simplemente se abandona
incondicionalmente a la misericordia de Dios. Pablo pasa a
exponer que si uno acepta la circuncisión, que es una parte de
la Ley, lógicamente tiene que aceptar toda la Ley.

Supongamos que una persona desea llegar a ser ciudadana
naturalizada de un país, y cumple rigurosamente todas las reglas y normas de ese país que se refieren a la adquisición de
la nacionalidad. No puede pararse ahí, sino que está obligada
a aceptar *todas* las otras leyes y disposiciones también. Así
demostraba Pablo que, si un hombre se circuncidaba, adquiría
el compromiso de cumplir toda la Ley a la que la circuncisión
era la entrada; y, si aceptaba ese camino, le había vuelto la espalda automáticamente al camino de la Gracia y, por lo que a
él le concernía, Cristo podría no haber muerto nunca por él.

Para Pablo, lo único que importaba era la fe que actúa por
medio del amor. Esa es sencillamente otra manera de decir que
la esencia del Cristianismo no es la Ley, sino una relación
personal con Jesucristo. La fe cristiana no se basa en un libro,
sino en una Persona; su dinámica no es la obediencia a ninguna
ley, sino el amor a Jesucristo.

Antes, los gálatas habían sabido eso; pero ahora estaban
volviendo a la Ley. «Un poco de levadura —decía Pablo—
leuda toda la masa.» Para los judíos, la levadura representaba
casi siempre una mala influencia. Lo que Pablo quiere decir
es: «Este movimiento legalista puede que no haya llegado
todavía demasiado lejos, pero tenéis que desarraigarlo antes de
que destruya toda vuestra vida espiritual.»

Pablo acaba con un dicho muy atrevido. Galacia estaba
cerca de Frigia, y el gran culto de esa parte del mundo era el
de la diosa Cibeles. Los sacerdotes y los adoradores realmente

devotos de Cibeles tenían la costumbre de mutilarse mediante la castración. Pablo dice: «Si seguís por el camino que empieza en la circuncisión, bien podéis acabar castrándoos como esos sacerdotes paganos.» Es una ilustración hosca que hace que una sociedad cortés frunza las cejas; pero todo sería inmensamente real para los gálatas, que sabían todo eso acerca de los sacerdotes de Cibeles.

LA LIBERTAD CRISTIANA

Gálatas 5:13-15

Por lo que respecta a vosotros, hermanos, fue a la libertad a lo que fuisteis llamados; solamente que no debéis usar esta libertad como una cabeza de puente por la que os pueda invadir el peor lado de la naturaleza humana, sino que debéis serviros por amor los unos a los otros; porque la totalidad de la Ley se compendia en una palabra y en una frase: «Tienes que amar a tu prójimo como te amas a ti mismo.» Pero si os arañáis y os devoráis unos a otros, cuidaos de no acabar por aniquilaros los unos a los otros.

En este párrafo, la carta de Pablo cambia de énfasis. Hasta este punto, ha sido teológica; ahora pasa a ser intensamente ética. Pablo tenía una mentalidad característicamente práctica. Hasta cuando ha estado escalando las cimas más elevadas del pensamiento, siempre termina sus cartas con una nota práctica. Para él, la teología no servía para nada a menos que pudiera vivirse. En *Romanos* escribió uno de los más grandes tratados teológicos del mundo; pero al llegar al capítulo 12, casi de repente, la teología aterriza y se proyecta hacia cuestiones prácticas. Vincent Taylor dijo una vez: «La prueba de un gran teólogo es si puede escribir un tratadito.» Es decir: Después de sus vuelos de pensamiento, ¿es capaz de reducirlo todo a algo que la gente normal y corriente pueda entender y poner en práctica? Pablo siempre saca la nota máxima en ese examen, como vemos aquí, donde todo el asunto se reduce a la piedra de toque del vivir cotidiano.

Su teología siempre corría un peligro. Cuando proclamaba que el reinado de la Ley había llegado a su fin y que el de la Gracia había comenzado, siempre era posible que alguien le dijera: «Entonces eso quiere decir que yo puedo hacer lo que me dé la gana; todas las restricciones se han anulado, y puedo seguir mis inclinaciones hasta donde me lleven. La Ley ha dejado de existir, y la Gracia me asegura el perdón de todas maneras.» Pero para Pablo quedaban dos obligaciones que eran inamovibles. (i) Una no la menciona aquí, pero está implícita en todo su pensamiento. Es *la obligación para con Dios*. Si Dios nos amó hasta tal punto, entonces el amor de Cristo nos constriñe. Yo no puedo ensuciar ni malgastar una vida por la que Dios pagó con su propia vida. (ii) Está *la obligación para con nuestros semejantes*. Somos libres, pero nuestra libertad ama a su prójimo como a sí misma.

Los nombres de las distintas formas de gobierno son sugestivos. *Monarquía* es el gobierno a cargo de uno solo, y se origina en el interés por la eficacia, porque el gobierno a cargo de comités y juntas siempre ha tenido sus pegas. *Oligarquía* quiere decir el gobierno a cargo de los pocos, y se puede justificar diciendo que siempre son pocos los que son idóneos para gobernar. *Aristocracia* quiere decir el gobierno a cargo de los mejores, pero hay que definir quiénes son *los mejores*. *Plutocracia* quiere decir el gobierno a cargo de los ricos, y se justifica por la pretensión de que los que tienen la mayor participación en las riquezas del país es lógico que tengan derecho a gobernarlo. *Democracia* quiere decir el gobierno a cargo del pueblo, por el pueblo, para el pueblo. El Cristianismo es la única democracia verdadera, porque en un estado cristiano cada uno debe pensar tanto en su prójimo como en sí mismo. La libertad cristiana no es el desmadre, por la sencilla pero tremenda razón de que el cristiano no es una persona que ha llegado a ser libre para pecar; sino que, por la gracia de Dios, es libre *para no pecar.*

Pablo añade un consejo sombrío: «A menos que resolváis el problema de vivir juntos, os haréis la vida imposible recíprocamente.» A fin de cuentas, el egoísmo no exalta a la persona humana, sino que la rebaja y destruye.

LAS COSAS MALAS

Gálatas 5:16-21

> *Tened presente lo que os digo: Que vuestra conducta y conversación estén bajo el control del Espíritu, y no dejéis que los deseos de la parte inferior de vuestra naturaleza se salgan con la suya. Porque los deseos de vuestra naturaleza inferior son todo lo contrario de los deseos del Espíritu, y los deseos del Espíritu son todo lo contrario de los de vuestra naturaleza inferior, y ambos se oponen radicalmente entre sí para que no podáis hacer lo que queráis. Las obras de la naturaleza humana inferior son bien conocidas: fornicación, impureza, desenfreno, idolatría, brujería, enemistad, rivalidad, celos, furia incontrolada, interés propio, disensión, divisiones heréticas, envidia, borracheras, juergas y cosas por el estilo. Os advierto, otra vez, que los que hacen cosas así no heredarán el Reino de Dios.*

No hay nadie que haya sido más consciente que Pablo de la tensión que hay en la naturaleza humana. Como decía el soldado del poema de Studdert Kennedy:

> *Yo soy hombre, y un hombre es una mezcla*
> *desde el instante de su nacimiento:*
> *una parte procede de la tierra,*
> *y otra parte, del cielo.*

Para Pablo era esencial el que la libertad cristiana no se tomara como libertad para complacer a la parte inferior de la naturaleza humana, sino para conducirse en la vida del Espíritu. Nos da todo un catálogo de cosas malas. Cada una de las palabras que usa nos presenta todo un cuadro.

Fornicación: Se ha dicho, y es verdad, que la única virtud totalmente nueva que aportó el Cristianismo al mundo fue la castidad. El Cristianismo llegó a un mundo en el que la inmoralidad sexual no solo se permitía, sino se consideraba como algo esencial a la vida normal.

Impureza: La palabra que usa Pablo *(akatharsía)* es interesante. Puede querer decir el pus de una herida infectada, o un árbol que no se ha podado nunca, o un material que no se ha colado debidamente. En su forma positiva *(katharós,* adjetivo que quiere decir *puro)* se usa corrientemente en los contratos de casa para describir una casa que se deja limpia y en buenas condiciones. Pero el uso más sugestivo de *katharós* es con referencia a la pureza ceremonial que le permite a una persona participar en los cultos a Dios. La impureza, pues, es lo que hace que una persona no esté en condiciones de acercarse a Dios, la contaminación de la vida con cosas que nos separan de Dios.

Desenfreno: Esta palabra *(asélgueia)* se traduce corrientemente por *lujuria* en la versión Reina-Valera *(Marcos 7:22; 2 Corintios 12:21; Gálatas 5:19; Efesios 4:19, libertinaje; 1 Pedro 4:3, lascivias; Judas 4, libertinaje; Romanos 13:13, y 2 Pedro 2:18, vicios).* Se ha definido como «disposición para cualquier placer.» La persona que lo practica, se dice que no tiene freno, que está desenfrenada, que hace todo lo que el capricho y la insolencia puedan sugerirle. Josefo le aplicaba esta cualidad a Jezabel cuando construyó un templo dedicado a Baal en Jerusalén. La idea que encierra es la de una persona que está tan avanzada en el deseo que ha dejado de importarle lo que los demás puedan decir o pensar.

Idolatría: Esto quiere decir el culto de dioses que han hecho las manos humanas. Es el pecado en el que las cosas materiales han desplazado a Dios y tomado Su lugar.

Brujería: Esta palabra quiere decir literalmente *el uso de drogas.* Puede querer decir el uso conveniente de drogas que hace un médico; pero también puede querer decir *envenenar,* y llegó a relacionarse muy especialmente con la utilizacón de las pócimas en la magia, que era muy corriente en el mundo antiguo.

Enemistad: La idea es la de una persona que es permanentemente, característicamente hostil a sus semejantes; es precisamente lo contrario de la virtud cristiana del amor a los hermanos y a todos los seres humanos.

Rivalidad: En un principio esta palabra tenía que ver principalmente con *la rivalidad para obtener premios.* Hasta se podía usar en un buen sentido en relación con las competiciones deportivas; pero mucho más corrientemente se refería a la rivalidad que se manifiesta en peleas y riñas.

Celos: Esta palabra *(zêlos,* de la que deriva la palabra española) tenía en un principio un sentido positivo. Quería decir *emulación,* el deseo de alcanzar la nobleza que se admira. Pero se fue degenerando; llegó a querer decir el deseo de tener lo que otro tiene, un deseo malo de lo que no nos corresponde.

Furia incontrolada: La palabra que usa Pablo quiere decir explosiones de rabia. Describe, no una ira a largo plazo, sino una rabieta que se inflama y se consume pronto.

Interés propio: Esta palabra tiene una historia muy iluminadora. Es *eritheía,* y quería decir en su origen *el trabajo de un obrero contratado (erithós).* De ahí pasó a significar el trabajo que se hace *por una paga.* Pasó a significar *hacer campaña para obtener puestos políticos,* y describe a la persona que quiere figurar, no para prestar un servicio, sino para obtener el máximo provecho personal.

Disensión: Literalmente la palabra quiere decir *mantenerse aparte.* Despúes de una de sus grandes victorias, Nelson la atribuyó al hecho de que había tenido la felicidad de tener a sus órdenes a un grupo de hermanos. *Disensión* describe una sociedad en la que se produce la situación contraria, en la que los miembros se separan en lugar de acercarse cada vez más.

Divisiones heréticas: Esto se podría describir como una disensión que cristaliza. La palabra es *hairesis,* de la que se deriva la palabra española *herejía. Haíresis* no era en un principio una palabra negativa. Viene de una raíz que quiere decir *escoger,* y se usaba para describir a una escuela de seguidores de un filósofo, o un grupo de personas que compartían unas creencias comunes. La tragedia de la vida es que las personas que tienen puntos de vista diferentes acaban frecuentemente por no entenderse ni gustarse, no entender ni encontrar agradables, no los puntos de vista del otro, sino al otro mismo. Debería ser posible no compartir las ideas de otro y seguir siendo amigos.

Envidia: Esta palabra *(fthonos)* es una palabra rastrera. Eurípides la llamaba «la peor de todas las enfermedades humanas.» Su esencia es que no describe el espíritu que desea, noble o innoblemente, tener lo que otra persona posee, sino el espíritu que resiente el hecho de que el otro tenga esas cosas o cualidades. No es que quiera tenerlas él para sí; simplemente quiere quitárselas al otro. Los estoicos lo definían como «el disgusto que produce el bien ajeno.» Basilio lo llamaba «disgusto ante la buena suerte del prójimo.» Es la cualidad, no tanto del celoso, sino más bien del amargado.

Borrachera: En el mundo antiguo, este no era un vicio muy corriente. Los griegos bebían más vino que leche; hasta los niños bebían vino; pero lo bebían mezclado con agua: dos partes de vino y tres de agua. Los griegos condenarían la ebriedad lo mismo que los cristianos como algo que convertía a una persona en una bestia.

Juergas: Esta palabra *(komos)* tiene una historia interesante. Un *komos* era un grupo de amigos que acompañaban al vencedor en los juegos después de la victoria. Danzaban y reían y cantaban sus alabanzas. También describía los grupos de devotos de Baco, el dios del vino. Describe lo que llamaríamos una juerga o una jarana. Quiere decir un desmadre incontrolado, un regocijo que se ha convertido en la peor disolución.

Cuando llegamos a la raíz del sentido de estas palabras vemos que la vida no ha cambiado tanto después de todo, aunque ha pasado bastante tiempo.

LAS COSAS HERMOSAS

Gálatas 5:22-26

> *Pero el fruto del Espíritu es el amor, el gozo, la paz, la paciencia, la amabilidad, la bondad, la fidelidad, la consideración y la disciplina. No hay ley que condene cualidades semejantes. Los que pertenecen a Jesucristo han crucificado sus personalidades no regeneradas con todas sus pasiones y deseos.*
>
> *Si estamos viviendo en el Espíritu, guardemos el paso con el Espíritu. No os volváis buscadores de una reputación vacía, ni os provoquéis los unos a los otros, ni tampoco os envidiéis.*

Como en los versículos anteriores Pablo había trazado la lista de las malas cualidades que caracterizan a la naturaleza humana sin Cristo, ahora traza la de las cualidades positivas, que son el fruto del Espíritu. De nuevo, vale la pena considerar cada palabra por separado.

Amor: La palabra que se usa en el Nuevo Testamento para *amor* es *agapê*. No es una palabra corriente en griego clásico. En griego hay cuatro palabras para *amor.* (*a*) *Erôs* quiere decir el amor que siente un joven por una joven; es un amor que incluye la pasión. No aparece nunca en el Nuevo Testamento. (*b*) *Filía* es el amor cálido que sentimos hacia nuestros seres queridos; es algo del corazón. (*c*) *Storguê* quiere decir más bien afecto, y se usa del amor entre padres e hijos. (*d*) *Agapê*, la palabra cristiana quiere decir una benevolencia sin límites. Quiere decir que no importa lo que una persona nos pueda hacer por medio de insultos, ofensas o humillaciones, nosotros nunca procuraremos sino lo mejor para ella. Por tanto es un sentimiento de la mente tanto como del corazón. Implica la voluntad tanto como las emociones. Describe el esfuerzo deliberado —que solamente podemos hacer con la ayuda de Dios— de no buscar nada más que lo mejor hasta para los que procuran hacernos todo el daño que pueden.

Gozo: La palabra griega es *jara,* y lo característico de esta palabra es que muy corrientemente describe el gozo que procede de una experiencia espiritual (cp. *Salmo 30:11; Romanos 14:17, 15:13; Filipenses 1:4, 25).* No es la alegría que nos producen las cosas materiales, menos aún el triunfar sobre otros en una competición. Es el gozo cuyo fundamento está en Dios.

Paz: En el griego coloquial contemporáneo esta palabra *(eirênê)* tenía dos usos interesantes. Se usaba de la serenidad que disfruta un país bajo el gobierno justo y benéfico de un buen emperador; y también del buen orden de un pueblo o aldea. Las aldeas tenían un funcionario que se llamaba el superintendente de la paz de la aldea, el que mantenía la paz en ella. En el Nuevo Testamento la palabra griega *eirênê* corresponde a la palabra hebrea *shalôm* en el Antiguo Testamento, que quiere decir, no solamente ausencia de problemas y de guerra, sino todo lo que contribuye al mayor bienestar humano. Aquí quiere decir la tranquilidad de corazón que se deriva de la fe en que todo está en las manos de Dios. Es interesante advertir que *Jara* y *Eirênê* se empezaron a usar pronto como nombres propios en la Iglesia original.

Paciencia, makrothymía es una gran palabra. El autor de *1 Macabeos* dice que fue por su *makrothymía* por lo que los romanos llegaron a ser los amos del mundo, por lo que quiere decir la tenacidad de los romanos, que nunca hacían la paz con los enemigos, ni siquiera después de vencerlos, una especie de paciencia victoriosa (8:4). En sentido general esta palabra no se usa en relación con la paciencia que hay que tener con las cosas o con los acontecimientos, sino con las personas. Crisóstomo decía que es la gracia de la persona que, pudiendo vengarse, no se vengaba, sino que era lenta para la ira. Lo que más esclarece el sentido de esta palabra es que es la que se usa corrientemente en el Nuevo Testamento acerca de la actitud de Dios para con los humanos *(Romanos 2:4; 9:22; 1 Timoteo 1:16; 1 Pedro 3:20)*. Si Dios hubiera sido una persona humana, ya hace mucho que habría borrado el mundo; pero Él tiene esa paciencia que soporta todas nuestras maldades y no nos deja por imposibles. En nuestras relaciones con nuestros semejantes debemos reproducir esa actitud amable, doliente, perdonadora y paciente de Dios para con nosotros.

La amabilidad y *la bondad* están íntimamente relacionadas. A la amabilidad corresponde la palabra original *jrêstótês.* También se traduce corrientemente por *bondad (Romanos 3:12; 11:22; Efesios 2:7; Colosenses 3:12; Tito 3:4)*. Alguna versión la traduce en *2 Corintios 6:6* por *dulzura*. Plutarco dice que tiene una amplitud mayor que la justicia. El vino añejo se llama *jrêstós*. El yugo de Cristo se nos dice que es *jrêstós (Mateo 11:30)*, que no hace daño. Encierra la idea de una bondad que es amable. La palabra que usa Pablo para *bondad (agathosynê)* es típica de la Biblia, y no ocurre en el griego secular *(Romanos 15:14; Efesios 5:9; 2 Tesalonicenses 1:11)*. Es la palabra más amplia para bondad; se define como «la virtud totalmente equipada.» ¿En qué se diferencian? *Agathosynê* puede, y debe, reprender y disciplinar; *jrêstótês* no hace más que ayudar. El gran lexicógrafo del Nuevo Testamento Trench dice que Jesús dio muestras de *agathosynê* cuando limpió el templo y echó a los que lo habían convertido en un bazar; pero de *jrêstótês* en Su actitud para con la mujer pecadora. Los cristianos necesitamos esa bondad que es al mismo tiempo amable y fuerte.

Fidelidad. Esta palabra *(pistis)* es corriente en el griego secular con el sentido de *ser digno de confianza*. Es la característica de la persona que es de fiar.

Consideración, praytês, es la palabra más difícil de traducir. En el Nuevo Testamento tiene tres sentidos diferentes. *(a)* Quiere decir *sumiso a la voluntad de Dios (Mateo 5:5;*

11:29; 21:5). (*b*) Quiere decir *dócil,* es decir, que acepta la
enseñanza y la disciplina *(Santiago 1:21)*. (*c*) El sentido más
corriente es el de *considerado (1 Corintios 4:21; 2 Corintios
10:1; Efesios 4:2)*. Aristóteles definía *praytês* como el término
medio entre la excesiva ira y la carencia de ira; es decir, la
cualidad de la persona que se indigna cuando debe indignarse,
y nunca cuando no debe. Lo que arroja más luz sobre el significado de esta palabra es que el adjetivo *prays* se usa en
relación con un animal domesticado y que obedece y es fácil
de dominar para su amo; así es que esta palabra refleja el dominio propio que solo Cristo puede dar.

Disciplina. La palabra original es *enkráteia,* que Platón
usaba para *autocontrol.* Es el espíritu que ha dominado sus
deseos y la búsqueda del placer. Se usa de la disciplina del
atleta *(1 Corintios 9:25)* y del dominio del sexo que caracteriza
al cristiano *(1 Corintios 7:9)*. En griego secular se usa de la
virtud de un emperador que nunca deja que sus intereses pri-
vados ejerzan influencia en el gobierno de su pueblo. Es la
virtud de la persona que la hace tan dueña de sí que la capacita
para servir a los demás.

La experiencia y la convicción de Pablo eran que el cristiano
moría con Cristo y resucitaba con Cristo a una vida nueva y
limpia en la que las cosas malas del viejo hombre habían
desaparecido, y las preciosas cualidades del Espíritu habían
empezado a desarrollarse.

SOBRELLEVANDO LAS CARGAS

Gálatas 6:1-5

> *Hermanos, si se sorprende a alguna persona en algún
> desliz moral, vosotros, los que os mantenéis bajo el con-
> trol del Espíritu, debéis corregirla con espíritu de ama-
> bilidad; y, al hacerlo, tened presente que podíais haber
> sido vosotros mismos los que hubierais sido tentados.*

Sobrellevad los unos las cargas de los otros, y cumplid
así la Ley de Cristo. Porque, si alguno se considera
importante aunque no tenga ninguna importancia, se
está engañando a sí mismo con sus propias fantasías.
Que cada persona someta a prueba su propia obra, y
así cualquier base para el orgullo que tenga, será en
relación consigo mismo, y no en comparación con otros.
Que cada palo aguante su vela.

Pablo conocía muy bien los problemas que surgen en cualquier sociedad cristiana. Las buenas personas también resba-
lan. La palabra que usa Pablo *(paráptôma)* no quiere decir un
pecado consciente, sino un resbalón como el que podría dar
cualquiera en una carretera helada o en un sendero peligroso.
Ahora bien, el peligro de los que están tratando de vivir de
veras la vida cristiana es que tienen la tendencia de jugar
duramente las caídas de los demás. Hay un elemento de dureza
en muchas buenas personas. Hay muchas buenas personas a las
que no se puede ir a llorar en su hombro, o a confesarle una
experiencia de fracaso o derrota; mostrarían muy poca simpa-
tía. Pero Pablo dice que, si una persona da un traspiés, el
verdadero deber cristiano es ayudarla a que se ponga en pie
otra vez. La palabra que usa para *corregir* se usa corrientemente para realizar una reparación, y también para el trabajo de un
cirujano que extirpa un tumor del cuerpo de una persona, o que
pone en su sitio un miembro roto. Toda la atmósfera de la
palabra hace hincapié, no en el castigo, sino en la cura; la
corrección se mira, no como un castigo, sino como un remedio.
Y Pablo prosigue diciendo que cuando veamos a un hermano
caer en una falta haremos bien en decir: «Ese, si no hubiera
sido por la gracia de Dios, sería yo.»

Luego pasa a reprender la vanagloria, y da una receta
para evitarla. No compararemos nuestros logros con la obra de
nuestros semejantes, sino con lo mejor que podríamos haber
hecho. De esa manera no encontraremos nunca motivos para
vanagloriarnos.

Pablo habla dos veces en este pasaje acerca de sobrellevar cargas. Hay una clase de carga que se le impone a una persona en los azares y avatares de la vida; es cumplir la ley de Cristo ayudar a cualquiera que tenga que llevar una de esas cargas. Pero también hay cargas que cada uno tiene que sobrellevar por sí. La palabra que usa Pablo es la que quiere decir el macuto del soldado. Hay obligaciones que nadie puede cumplir por otro, y tareas de las que cada uno debemos ser responsables personalmente.

MANTENIENDO EL NIVEL

Gálatas 6:6-10

El que está recibiendo enseñanza de la Palabra de Dios debe compartir todas las cosas buenas con el que le enseña. No os engañéis; a Dios no se le puede tomar a la ligera; lo que cada uno siembre, eso será lo que siegue. El que siembra para su propia naturaleza inferior segará de ella una cosecha mezquina. El que siembra para el Espíritu, cosechará del Espíritu la vida eterna. No os canséis nunca de obrar como es debido; porque, cuando llegue el momento, segaremos, siempre que no hayamos relajado nuestros esfuerzos. Así que, siempre que tengamos oportunidad, hagamos el bien a todo el mundo, y especialmente a los que son de la familia de la fe.

Aquí Pablo se vuelve intensamente práctico.

La Iglesia Cristiana tenía sus maestros. En aquel tiempo, la Iglesia era una institución auténticamente solidaria. Ningún cristiano podía soportar tener demasiados bienes de este mundo cuando otros tenían demasiado poco. Así es que Pablo dice: «Si hay un hermano que te está enseñando las verdades eternas, lo menos que puedes hacer es compartir con él las cosas materiales que poseas.»

Seguidamente Pablo pasa a establecer una verdad inflexible. Insiste en que la vida mantiene la balanza en perfecto equilibrio. Si una persona se deja dominar por el lado inferior de su naturaleza, acabará por no poder esperar nada más que una cosecha de problemas. Pero, si se mantiene caminando por la senda superior, y obrando el bien, Dios la recompensará a fin de cuentas.

El Evangelio nunca suprime los peligros de la vida. Los griegos creían en Némesis; creían que, cuando una persona hacía algo que estaba mal, inmediatamente tenía a Némesis a sus talones, y más tarde o más temprano la alcanzaría. Todas las tragedias griegas son un sermón sobre el texto: «El que la hace, la paga.» Lo que nunca recordamos suficientemente es que —si es benditamente cierto que Dios puede perdonar y perdona a las personas sus pecados, también es verdad que ni siquiera Él puede borrar las consecuencias del pecado. Si una persona peca contra su cuerpo, más tarde o más temprano lo pagará con una salud quebrantada—, aunque se le perdone. Si una persona peca contra sus seres queridos, más tarde o más temprano les destrozará el corazón —aunque se le perdone. John B. Gough, el gran defensor de la abstinencia, que había vivido antes una vida desmadrada, solía advertir: «Quedan las cicatrices.» Y Orígenes, el gran erudito cristiano, que era universalista, creía que, aunque todas las personas se salvaran al final, hasta entonces quedarían las huellas del pecado. No podemos tomar a la ligera el perdón de Dios. Hay una ley moral en el universo. Si uno la quebranta, puede que se le perdone; pero no puede evitar las consecuencias.

Pablo termina recordando a sus amigos que el deber de la generosidad puede que nos resulte molesto, pero el que haya echado su pan sobre las aguas lo hallará a su debido tiempo *(Eclesiastés 11:1)*.

PALABRAS FINALES

Gálatas 6:11-18

Fijaos qué letras tan grandes hago cuando os escribo de mi puño y letra. Los que quieren hacer alarde desde un punto de vista meramente humano están tratando de empujaros para que os circuncidéis, pero lo que se proponen de veras es evitar la persecución por causa de la Cruz de Cristo. Porque los que defienden la circuncisión a capa y espada tampoco cumplen ellos la Ley; lo que quieren es que os circuncidéis para presumir de la manera en que os han hecho cumplir los rituales externos y humanos. ¡No permita Dios que yo presuma sino de la Cruz de nuestro Señor Jesucristo, por medio de Quien el mundo está crucificado para mí, y yo para el mundo! El estar circuncidado no tiene la menor importancia, y el estar sin circuncidar no hace ninguna diferencia. Lo que de veras importa es haber sido creados de nuevo. ¡Que la paz y la misericordia sean sobre todos los que se conduzcan de acuerdo con estos parámetros, y sobre el Israel de Dios! Y desde ahora, que nadie me venga con rollos; porque yo llevo en el cuerpo la divisa de Jesús.

Hermanos, que la gracia del Señor Jesucristo sea con vuestro espíritu. Así sea.

Por lo general, Pablo añadía solamente la firma a las cartas que le había dictado a un amanuense; pero en este caso, el corazón se le sale del pecho con tal amor y preocupación por los gálatas, que les escribe este último párrafo: «Fijaos qué letras tan grandes hago cuando os escribo de mi puño y letra.» Las letras grandes pueden ser debidas a tres cosas. *a)* Este párrafo puede que se escribiera en letra grande a causa de su importancia, como cuando imprimimos unas palabras en negrita. (*b*) Puede que lo escribiera en letras grandes porque Pablo no tenía costumbre de manejar la pluma, y así era como le salía. (c) Puede que Pablo estuviera mal de la vista, o que tuviera entonces uno de los horribles dolores de cabeza que padecía, y solo podía hacer la escritura grande y desgarbada de una persona que casi no veía.

Vuelve al centro del asunto. Los que querían que los gálatas se circuncidaran tenían tres motivos. (a) Eso los salvaría de la persecución. Los romanos permitían a los judíos practicar su religión. La circuncisión era la prueba infalible de que se era judío; así es que esas personas veían en ella un pasaporte para no sufrir persecución por causa de la religión. La circuncisión los mantendría a salvo del odio de los judíos y de la ley romana juntamente. (b) En último análisis, por la circuncisión y la observancia de las reglas y normas de la Ley, esos estaban tratando de montar un espectáculo que obtuviera la aprobación de Dios. Pablo, sin embargo, está totalmente seguro de que nada que uno pudiera hacer podría merecer la salvación; así que, una vez más, señalándoles la Cruz, los invita a dejar de tratar de ganar la salvación, y confiar en la Gracia de un amor así. (c) Los que deseaban que los gálatas se circuncidaran, tampoco cumplían ellos la Ley. No hay ser humano que pueda cumplirla; pero lo que querían era presumir de que habían hecho a los gálatas sus prosélitos. Querían presumir del poder que tenían sobre la gente que habían sometido a su esclavitud legalista. Así es que Pablo, una vez más, establece con toda la intensidad de que es capaz que ni la circuncisión ni la incircuncisión importan lo más mínimo; que lo único que importa supremamente es el actuar de la fe en Cristo que le abre a la persona una nueva vida.

«Yo llevo en el cuerpo la divisa de Jesús,» decía Pablo. Esto puede querer decir dos cosas. (a) Los *stigmata,* estigmas, siempre han fascinado a la gente. Se dice que Francisco de Asís había estado ayunando una vez en la cima de una montaña solitaria, y vio el amor de Dios en una Cruz que se extendía sobre todo el mundo; y cuando lo contempló sintió que una espada de dolor y de compasión le atravesaba el corazón.

Cuando la visión se fue desvaneciendo, Francisco se relajó; y entonces se vieron en sus manos las señales de los clavos de Jesús, que llevó en ellas hasta el fin de su vida. Si esto sucedió de veras o es leyenda no lo sabemos; porque «hay más cosas en la Tierra y en el Cielo de las que ha soñado nuestra filosofía;» pero hay algunos que creen que Pablo había pasado la experiencia de la crucifixión de su Maestro tan realmente que él también llevaba las señales de los clavos en su cuerpo. (*b*) Era corriente que los amos marcaran a sus esclavos con un hierro candente, y eso parece ser lo que Pablo quería decir aquí: que las cicatrices de lo que había sufrido por Cristo eran su divisa de esclavo de Jesucristo. A fin de cuentas no es la autoridad apostólica lo que blande para que se le tenga en cuenta, sino las llagas que había sufrido en la obra de Cristo. Como el personaje de *El Peregrino* Valiente-por-la-Verdad, Pablo podía decir: «Mis marcas y cicatrices me llevo conmigo para que sean mis testigos ante Aquel que será el único Que me recompensará.»

Después de la tormenta y el estrés y la intensidad de la carta llega la paz de la bendición. Pablo ha discutido y reprendido y halagado, pero su última palabra es GRACIA, que era para él la única palabra que importaba.

CARTA A LOS EFESIOS

INTRODUCCIÓN A
LA CARTA A LOS EFESIOS

LA CARTA MÁS EXCELENTE

Es un hecho reconocido por todos que la *Carta a los Efesios* ocupa un lugar muy elevado en la literatura devocional y teológica de la Iglesia Cristiana. Se la ha llamado, y con razón, «La Reina de las Epístolas.» Para muchos es sin duda la cima más alta del pensamiento del Nuevo Testamento. Cuando John Knox, el gran reformador escocés, estaba llegando al final de su vida, el libro que se le leía más frecuentemente era *Sermones sobre la Carta a los Efesios,* de Juan Calvino. Coleridge decía que *Efesios* era «la composición humana más divina.» Y añadía: «Abarca, en primer lugar, aquellas doctrinas que son características del Cristianismo; y, seguidamente, aquellos preceptos que le son comunes con la religión natural.» *Efesios* ocupa un lugar especialísimo en la correspondencia paulina. Y, sin embargo, nos plantea algunos problemas insoslayables, que no son invención de las mentes supercríticas de los investigadores del Nuevo Testamento, sino que se les presentan a todos los lectores. Sin embargo, cuando se resuelven, *Efesios* aparece aún más maravillosa, y brilla con una luz todavía más radiante.

LAS CIRCUNSTANCIAS EN QUE SE ESCRIBIÓ

Antes de enfrentarnos con las cosas dudosas, presentemos las indudables. La primera es que *Efesios* se escribió indudablemente cuando Pablo estaba en la cárcel. Él mismo se llama «prisionero por Cristo» (3:1); es en cuanto «prisionero del Señor» como les ruega (4:1); es «un embajador en cadenas» (6:20). Fue en la cárcel, y muy cerca del final de su vida, cuando Pablo escribió *Efesios.*

Segunda, *Efesios* tiene una relación indudablemente estrecha con *Colosenses.* Parece que Tíquico fue el portador de ambas cartas. En *Colosenses,* Pablo dice que Tíquico les contará todos sus asuntos *(Colosenses 4:7);* y en *Efesios* dice que Tíquico les dará toda la información *(Efesios 6:21).* Además, hay una estrecha semejanza de contenido entre las dos cartas, hasta tal punto que más de 55 versículos aparecen exactamente igual en las dos cartas. Ya sea que, como mantenía Coleridge, *Colosenses* es lo que podríamos llamar «lo que rebosó» de *Efesios,* o que *Efesios* es una versión más extensa de *Colosenses.* A su debido tiempo llegaremos a ver que es esta semejanza la que nos da la clave del lugar exclusivo de *Efesios* entre las cartas de Pablo.

EL PROBLEMA

Así que es seguro que *Efesios* se escribió cuando Pablo estaba en la cárcel por la fe, y que tiene, por alguna razón, la relación más íntima posible con *Colosenses.* El problema surge cuando empezamos a examinar la cuestión de *quiénes eran los destinatarios de Efesios.*

En la antigüedad, las cartas se escribían en rollos de papiro. Cuando se acababa, se ataban con una guita y, si eran especialmente privadas o importantes, se lacraban y sellaban los nudos. Pero las señas no se escribían por lo general, por la sencilla razón de que, para las personas corrientes, no había ningún sistema postal. Había un correo del gobierno; pero no estaba a disposición nada más que de la correspondencia oficial e imperial, y no de las personas corrientes. En aquel tiempo las cartas se entregaban en mano, y por tanto no era necesario poner las señas del destinatario. Así que los títulos de las cartas del Nuevo Testamento no forman parte del texto original de las mismas. Se les insertaron después, cuando se coleccionaron y publicaron para que las pudiera leer toda la Iglesia.

Cuando estudiamos *Efesios* en detalle, encontramos sumamente improbable que fuera escrita a la iglesia de Éfeso. Hay razones *internas* para llegar a esa conclusión.

(*a*) La carta iba dirigida a gentiles. Los destinatarios eran «gentiles por naturaleza, llamados incircuncisos por los circuncidados, separados de Cristo, ajenos a la comunidad de Israel y extranjeros a los pactos de la promesa» (2:11). Pablo los exhorta a «no seguir viviendo como los gentiles» (4:17). El hecho de que fueran gentiles no excluye por sí el que la carta se pudiera haber escrito a Éfeso; pero es algo a tener en cuenta.

(*b*) *Efesios* es la carta más impersonal de todas las de Pablo. No contiene ningunos saludos personales, ni mensajes íntimos como los que aparecen abundantemente en otras cartas. Eso es doblemente sorprendente cuando recordamos que Pablo pasó más tiempo en Éfeso que en ninguna otra ciudad, no menos de tres años *(Hechos 20:31)*. Además, no hay pasaje en todo el Nuevo Testamento que sea más íntimo y afectuoso que *Hechos 20:17-35,* donde se nos presenta el discurso de despedida de Pablo a los ancianos de Éfeso antes de salir de Mileto en su último viaje. Es muy difícil creer, a la vista de todo esto, que Pablo mandara una carta tan totalmente impersonal a Éfeso.

(*c*) La carta nos hace ver que Pablo y los destinatarios no se conocían personalmente, sino solo por referencias. En 1:15, Pablo escribe: «Porque he tenido noticias de vuestra fe en el Señor Jesús.» La lealtad de las personas a las que estaba escribiendo era algo que sabía porque ya se lo habían dicho, no por propia experiencia. En 3:2 les escribe: «Suponiendo que sepáis de la mayordomía de la gracia de Dios que se me ha concedido en relación con vosotros.» Es decir: «Si habéis oído que Dios me ha dado la tarea y el ministerio de ser apóstol de vosotros los gentiles.» El conocimiento que tenía la iglesia de Pablo como apóstol de los gentiles era algo de lo que habrían oído, pero que no conocían por un contacto personal con él. Así pues, la carta contiene señales que no encajan en la relación íntima y personal que tuvo Pablo con la iglesia de Éfeso.

Estos hechos se podrán explicar; pero hay un hecho externo que zanja la cuestión. En 1:1, ninguno de los manuscritos antiguos más importantes del Nuevo Testamento griego contiene las palabras *en Éfeso*. Todos dicen: «Pablo... a los santos que son también fieles en Jesucristo.» Y sabemos, por la manera como lo comentan, que esa era la forma del texto que conocían los antiguos padres griegos.

¿FUE PABLO EL AUTOR?

Algunos investigadores han llegado a encontrar todavía otra dificultad en *Efesios*. Han puesto en duda que Pablo fuera el autor de esta carta. ¿En qué razones basan sus dudas?

Dicen que *el vocabulario* es diferente del de Pablo, y es cierto que hay unas 70 palabras en *Efesios* que no se encuentran en ninguna otra de sus cartas. Eso no tiene por qué sorprendernos, porque es un hecho que en *Efesios* Pablo está hablando de cosas que no había tratado nunca antes. Estaba recorriendo un camino de pensamiento por el que no había viajado antes; y, por supuesto que necesitaba palabras nuevas para expresar nuevos pensamientos. Sería ridículo exigirle a un autor con la mente de Pablo que no usara nunca términos nuevos y se expresara siempre con las mismas palabras.

Se dice que *el estilo* no es el de Pablo. Es verdad —y eso lo podemos ver hasta en la traducción española de *Efesios,* así que mucho más en el original— que el estilo de *Efesios* es diferente del de las otras cartas paulinas. Las otras cartas las escribió para salir al paso de una situación determinada. Pero, como ha dicho A. H. M'Neile, *Efesios* es «un tratado teológico, o más bien una meditación espiritual.» Hasta el lenguaje que usa es diferente. Moffatt lo expresaba diciendo que, hablando en general, el lenguaje de Pablo es como un torrente; pero en *Efesios* tenemos «un río ancho que fluye lentamente llenando su cauce.» La longitud de las oraciones en *Efesios* es alucinante. En el original, *Efesios 1:3-14, 15-23; 2:1-9; 3:1-7* son cada pasaje una oración larga y sinuosa. M'Neile llama a *Efesios* hermosa y correctamente «un poema en prosa.» Todo esto es muy distinto del estilo normal y corriente de Pablo.

¿Qué se puede decir a todo esto? En primer lugar, tenemos el hecho general de que ningún gran escritor usa siempre el mismo estilo. Por ejemplo: Cervantes usa estilos muy diferentes en el *Quijote,* y en las *Novelas ejemplares,* y en *Persiles y Segismunda,* y en los *Sainetes* y las *Comedias.* Cualquier gran estilista —y Pablo era un gran estilista— acomoda su estilo a su propósito y a sus circunstancias en el momento de escribir. Es una mala crítica el decir que Pablo no escribió *Efesios* sencillamente porque se advierten en esta carta un nuevo vocabulario y un estilo nuevo.

Pero hay más. Recordemos cómo escribió Pablo la mayor parte de sus cartas. Las escribió en medio de un ministerio atareadísimo, cuando, en la mayor parte de los casos, iba de camino. Las escribió para salir al paso de un problema acuciante que había que tratar al momento. Es decir, que Pablo escribió la mayor parte de sus cartas contra reloj. Ahora recordemos que Pablo, si fue él el autor de *Efesios*, lo escribió cuando estaba en la cárcel, cuando tenía todo el tiempo del mundo para escribir. ¿Y nos sorprende que el estilo de *Efesios* no sea el de las otras cartas?

Además, esta diferencia de estilo, esta cualidad meditativa, poética, es más obvia en los tres primeros capítulos, que son *una larga oración,* que culmina en una gran doxología. No hay nada parecido en las otras cartas paulinas. Este es el lenguaje de una oración lírica, no el de la discusión o la controversia o la represión.

Las diferencias están muy lejos de demostrar que *Efesios* no sea de Pablo.

EL ARGUMENTO DE LA EPÍSTOLA

Algunos investigadores llegan a decir que el tema de *Efesios* va más allá del de ninguna de las otras cartas de Pablo. Veamos cuál es ese tema. Ya hemos visto que *Efesios* está íntimamente relacionada con *Colosenses,* cuyo tema central es *la todosuficiencia de Jesucristo.* En Él están escondidos todos los tesoros de la sabiduría y del conocimiento *(Colosenses 2:3);* toda la plenitud de Dios mora en Él *(Colosenses 1:19);* en Él habita corporalmente toda la plenitud de la deidad *(Colosenses 2:9);* Él solo es necesario y suficiente para la salvación *(Colosenses 1:14).* Todo el argumento de *Colosenses* se basa en la todosuficiencia de Cristo.

El argumento de *Efesios* es un desarrollo de esa idea. Se resume en dos versículos del primer capítulo en los que Pablo dice que Dios, «habiéndonos dado a conocer en toda sabiduría e intuición el misterio de Su voluntad, de acuerdo con Su propósito, que Él Se trazó en Cristo como un plan para la plenitud del tiempo, de unir todas las cosas en Él, las cosas del Cielo y las de la Tierra» *(Efesios 1:9-10).*

El pensamiento clave de *Efesios* es la recapitulación de todas las cosas en Jesucristo. En la naturaleza tal como se nos presenta aparte de Cristo, no hay nada más que desunión y desarmonía; se presenta «con las fauces y las garras ensangrentadas.» El dominio humano ha quebrantado la unión social que debería existir entre el hombre y los animales; los hombres están divididos entre sí; las clases sociales están divididas; las naciones, también; las ideologías, lo mismo; los judíos, de los gentiles. Lo que es verdad del mundo de la naturaleza exterior lo es también del de la naturaleza humana. Todos somos el campo de batalla de una guerra civil interior, desgarrados entre el deseo del bien y el deseo del mal; la persona humana odia y ama sus pecados al mismo tiempo. Según tanto el pensamiento griego como el judío de tiempos de Pablo esta desarmonía se extiende hasta los lugares celestiales. Una batalla cósmica se está librando entre los poderes del mal y los del bien, entre

Dios y los demonios. Lo peor de todo es que hay desarmonía entre la humanidad y Dios. La persona humana, que fue creada para la comunión con Dios, está alienada de Él.

Así que, en este mundo apartado de Cristo no hay nada más que desunión. Esa desunión no es el propósito de Dios, pero puede llegar a ser unidad solamente cuando todas las cosas estén unidas en Cristo. Como decía E. F. Scott: «Los innumerables cabos sueltos tenían que traerse a Cristo, reanudarse otra vez, y volver a como habían estado en el principio.» El pensamiento central de *Efesios* es la consciencia de la desunión del universo, y la convicción de que sólo puede llegarse a la unidad cuando todo se una en Cristo.

EL ORIGEN DEL PENSAMIENTO DE PABLO

¿Cómo llegó Pablo a esta gran concepción de la unidad de todas las cosas en Jesucristo? Lo más probable es que llegara por dos caminos. Seguramente es la inevitable consecuencia de su convicción, expresada tan vivamente en *Colosenses,* de que Cristo es todosuficiente. Pero bien puede ser que hubiera otra circunstancia que moviera la mente de Pablo en esta dirección. Él era ciudadano romano, y estaba orgulloso de serlo. En sus viajes, Pablo había visto mucho del Imperio Romano, y ahora se encontraba en Roma, la ciudad imperial. En el Imperio Romano se había producido en el mundo una nueva unidad. La *pax romana,* la paz romana, era una realidad. Los reinos y los estados y los países, que habían luchado y guerreado entre sí, estaban reunidos en una nueva unidad en el Imperio de Roma. Puede ser que en la cárcel Pablo viera con nuevos ojos cómo se centraba toda esta unidad en Roma; y bien le puede haber parecido un símbolo de cómo se han de centrar todas las cosas en Cristo para que una creación y un mundo y una humanidad desunidos llegaran a reunirse en una nueva unidad. Seguramente, lejos de ser una concepción que desbordara el pensamiento de Pablo, su experiencia le conduciría precisamente a ella.

LA FUNCIÓN DE LA IGLESIA

Es en los primeros tres capítulos de la carta donde Pablo trata de esta concepción de la unidad en Cristo. En los tres capítulos siguientes tiene mucho que decir acerca del lugar que ocupa la Iglesia en el plan de Dios para hacer que se produzca esa unidad. Es en ellos donde Pablo lanza una de sus frases más maravillosas: La Iglesia es *el Cuerpo de Cristo*. La Iglesia está diseñada para ser las manos que realicen la obra de Cristo, los pies que corran a cumplir Sus comisiones; la boca que proclame Su mensaje. Así pues, tenemos una doble tesis en *Efesios*. Primera, que Cristo es el instrumento de Dios para la reconciliación. Segunda, que la Iglesia es el instrumento de Cristo para la reconciliación. La Iglesia debe traer al mundo a Cristo, y es dentro de la Iglesia donde han de desaparecer todas las particiones de separación. Es por medio de la Iglesia como se ha de lograr la unidad de todos los elementos discordantes. Como dice E. F. Scott: «La Iglesia representa ese propósito de reconciliación universal para el que Cristo apareció, y en la relación de cada cristiano con los demás debe hacerse realidad esta idea formativa de la Iglesia.»

¿QUIÉN SI NO PABLO?

Este es el argumento de *Efesios*. Como ya hemos visto, hay algunos que, fijándose en el vocabulario y el estilo y el tema de esta carta, no pueden creer que Pablo la escribiera. El investigador americano E. J. Goodspeed ha propuesto una teoría interesante —pero no convincente. Es probable que fuera en Éfeso, hacia el año 90 d.C., donde se coleccionaron por primera vez las cartas de Pablo y se enviaron a toda la Iglesia. La teoría de Goodspeed es que la persona responsable de esa recopilación, algún discípulo de Pablo, escribió *Efesios* como una especie de introducción a toda la colección. Sin duda esa teoría se quiebra por un hecho inicial. Cualquier imitación es inferior al original. Pero lejos de ser inferior, *Efesios* se puede decir que es la más importante de todas las epístolas paulinas. Si Pablo mismo no la escribió, tenemos que postular que fue la obra de alguno que era superior a Pablo. E. F. Scott pregunta muy oportunamente: «¿Podemos creer que en la Iglesia de tiempos de Pablo hubiera un maestro desconocido de tan suprema excelencia? La conclusión natural es sin duda que una epístola tan parecida a la obra de Pablo en su mejor expresión no fuera escrita por ningún otro, sino por el mismo Pablo.» Ninguna otra persona tuvo jamás una visión más gloriosa de Cristo que esta que Le contempla como el único centro en Quien se reúnen en una unidad todas las desuniones de la vida. Ninguna persona tuvo jamás una visión más gloriosa de la Iglesia que esta que la contempla como el instrumento de Dios para esa reconciliación universal. Y bien podemos creer que no hubo nadie que se pudiera remontar a una visión semejante más que Pablo mismo.

LOS DESTINATARIOS

Ahora debemos volver a un problema que dejamos antes sin resolver. Si *Efesios* no se escribió a Éfeso, ¿a qué iglesia se escribió?

La sugerencia más antigua es que se escribió a *Laodicea.* En *Colosenses 4:16,* Pablo escribe: «Y cuando se haya leído esta carta entre vosotros, haced que se lea también en la iglesia de los laodicenses; y aseguraos de leer también vosotros la carta de Laodicea.» Esa frase deja bien claro que Pablo había mandado una carta a la iglesia de Laodicea. No figura tal carta entre las del apóstol Pablo de que disponemos. Marción fue uno de los primeros que hizo una colección de las cartas de Pablo, hacia mediados del segundo siglo; y de hecho llama a *Efesios* la *Carta a los Laodicenses.* Así que desde tiempos muy antiguos se tenía la impresión de que la iglesia a la que se envió *Efesios* en primer lugar fue la de Laodicea.

Si aceptamos esa sugerencia tan interesante y atractiva, aún tenemos que explicar cómo perdió la carta su encabezamiento original a Laodicea, y llegó a relacionarse con Éfeso. Podría haber dos explicaciones.

Puede que, cuando Pablo murió, la iglesia de Éfeso sabía que la iglesia de Laodicea poseía una carta maravillosa de Pablo; y se dirigió a Laodicea para pedirle una copia. Puede que se hiciera la copia, y se enviara a Éfeso omitiendo las palabras *en Laodicea* en el primer versículo, y dejando un espacio en blanco, que es como aparece en los manuscritos más antiguos. Casi treinta años después se coleccionaron las cartas de Pablo para ponerlas a disposición de toda la Iglesia. Ahora bien: Laodicea estaba en un distrito que era famoso por sus terremotos, y bien puede ser que todos sus archivos se destruyeran, y que, por tanto, cuando se hizo la colección, la única copia de la *Carta a los Laodicenses* fuera la que se había conservado en Éfeso. Esa carta puede que entonces llegara a conocerse como la *Carta a los Efesios,* porque fue en Éfeso donde se encontró la única copia en existencia.

La segunda explicación que se ha sugerido la propuso Harnack, el gran erudito alemán. Por aquellos días, la iglesia de Laodicea había caído lastimosamente de la gracia. En *Apocalipsis* hay una carta a Laodicea, que nos la presenta en una luz desfavorable *(Apocalipsis 3: 14-22).* En esa carta, el Señor Resucitado condena sin paliativos a la iglesia de Laodicea hasta tal punto que le dirige la frase gráfica: «Me das ganas de vomitar» *(Apocalipsis 3:16).* Ahora bien: en el mundo antiguo existía la costumbre llamada *damnatio memoriae,* la condenación del recuerdo de una persona. Podría ser que hubiera prestado muchos servicios emblemáticos al estado, por lo que su nombre aparecería en los libros, actas, inscripciones y memorias; pero si tal persona acababa cometiendo alguna acción baja, algo que arruinara su honor, su memoria se condenaba: su nombre se borraba de todos los libros, y se raspaba de todas las inscripciones y memoriales. Harnack creía que era posible que la iglesia de laodicea hubiera sufrido *damnatio memoriae,* de modo que hasta su nombre se borró de la historia de la Iglesia. En ese caso, las copias de la *Carta a Laodicea* no contendrían su nombre; y cuando la colección se hizo en Éfeso se le aplicó el nombre actual.

UNA CARTA CIRCULAR

Ambas sugerencias son posibles; pero todavía queda otra que es mucho más probable. Creemos que *Efesios no se dirigió de hecho a ninguna iglesia en particular, sino que era una carta circular a todas las iglesias paulinas de Asia.* Fijémonos de nuevo en *Colosenses 4:16:* «Y cuando esta carta se haya leído entre vosotros, haced que se lea también en la iglesia de Laodicea; y aseguraos de leer vosotros también la carta de Laodicea.» Pablo no dice que los colosenses deben leer la carta *a* Laodicea, sino la que les llegaría *de* Laodicea. Es como si Pablo dijera: «Hay una carta circulando; hacia el momento presente ha llegado a Laodicea; cuando os la manden desde Laodicea, aseguraos de leerla.» Eso suena como si se tratara de una carta que iba circulando por las iglesias de Asia, y creemos que esa carta era *Efesios.*

LA QUINTAESENCIA DE PABLO

En este caso, *Efesios* es la carta más importante de Pablo. Ya hemos visto que *Efesios* y *Colosenses* se parecen mucho. Creemos que lo que sucedió fue que Pablo escribió *Colosenses* para resolver una situación concreta, el surgimiento de una herejía. Al hacerlo, se encontró inmerso en el gran tema de la todosuficiencia de Cristo; y se dijo: «Esto es algo que debo tratar de compartir con todas las iglesias.» Así es que tomó el tema que había expuesto en *Colosenses,* quitó todas las alusiones locales y temporales, y escribió una carta nueva para hablarles a todas las iglesias de la todosuficiencia de Cristo.

Efesios, según nuestro parecer, es la única carta de Pablo que fue enviada a todas las iglesias de Oriente para decirles que la unidad de toda la humanidad y de toda la creación no se podía encontrar nunca sino en Cristo, y para hablarles de la suprema tarea de la Iglesia: la de ser el instrumento de Cristo para la reconciliación universal del hombre con el hombre, y del hombre con Dios. Por eso es por lo que *Efesios* es la Reina de las Epístolas.

EFESIOS

El argumento de Pablo está muy bien trabado y entrelazado en *Efesios*. A menudo se desarrolla en períodos largos y complicados que son difíciles de seguir. Si hemos de llegar a captar su significado de veras, hay pasajes en los que lo mejor que podemos hacer es leerlos primero en secciones bastante largas, que luego iremos separando convenientemente en otras más pequeñas para su estudio en detalle.

EL PROPÓSITO DE DIOS

Efesios 1:1-14

Esta es una carta de Pablo, apóstol de Jesucristo por la voluntad de Dios, a todos los consagrados a Dios que viven en Éfeso y que son fieles a Jesucristo: ¡Gracia sea a vosotros y paz de Dios nuestro Padre y del Señor Jesucristo!

Bendito sea el Dios y Padre de nuestro Señor Jesucristo, que nos ha bendecido con todas las bendiciones espirituales que no se pueden encontrar nada más que en el Cielo, de la misma manera que nos eligió en Sí mismo antes de la creación del mundo para que fuéramos santos e irreprensibles delante de Él. Él decidió en Su amor antes que empezara el tiempo adoptarnos por medio de Jesucristo como Suyos, en el buen propósito de Su voluntad, para que todos alaben la gloria del don generoso que nos ha dado gratuitamente en el Amado. Porque es en Él en Quien tenemos la liberación que costó Su vida; en Él hemos recibido el perdón de los pecados, que solamente la riqueza de Su gracia podía dar, una gracia que Él nos otorgó en abundante provisión, y que nos confirió toda la sabiduría y todo el sentido saludable. Esto sucedió porque Él nos dio a conocer el secreto de Su voluntad que había estado una vez escondido, pero que ahora es revelado, porque así Le ha placido en Su bondad. Este secreto era un propósito que Él Se había formado en Su propia mente antes que empezara el tiempo, para que los períodos de tiempo fueran controlados y administrados hasta que llegaran a su pleno desarrollo, un desarrollo en el que todas las cosas en el Cielo y en la Tierra sean reunidas en unidad en Jesucristo. Fue en Cristo en Quien se nos asignó nuestra porción en este esquema, que fue determinado por decisión del Que controla todas las cosas según el propósito de Su voluntad; que nosotros, que fuimos los primeros en poner nuestra esperanza en la venida del Ungido de Dios, llegáramos a ser el medio por el cual Su gloria fuera alabada. Y fue en Cristo en Quien se determinó que vosotros también llegarais a ser el medio por el que la gloria de Dios fuera alabada, después que oyerais la Palabra que nos trae la verdad, la Buena Noticia de vuestra salvación —esa Buena Noticia en la cual, una vez que llegasteis a creer, fuisteis sellados con el Espíritu Santo Que se os había prometido, el Espíritu Que es el anticipo y la garantía de todo lo que un día heredaremos, hasta que entremos a participar de la plena redención que conlleva una posesión definitiva.

SALUDOS AL PUEBLO DE DIOS

Efesios 1:1-2

Esta es una carta de Pablo, apóstol de Jesucristo por la voluntad de Dios, a todos los consagrados a Dios que viven en Éfeso y son fieles a Jesucristo: ¡Gracia sea a vosotros y paz de Dios nuestro Padre y del Señor Jesucristo!

Pablo empieza esta carta con las dos únicas credenciales que poseía.

(i) Es *apóstol de Cristo*. Cuando Pablo decía eso, tenía en mente tres cosas. (*a*) Quería decir que *pertenecía* a Cristo. Su vida no le pertenecía para hacer con ella lo que quisiera; era propiedad de Jesucristo, y tenía que vivir siempre como Jesucristo quería que viviera. (*b*) Quería decir que Jesucristo le había enviado. La palabra *apóstolos* procede del verbo *apostellein,* que quiere decir *enviar.* Se puede usar, por ejemplo, de un escuadrón naval que se envía en una expedición. Se puede usar de un embajador enviado por su país de origen. Describe a un hombre que es enviado con alguna misión especial. El cristiano se ve en todos los momentos de su vida como miembro de la comunidad que está al servicio de Cristo. Es un hombre con una misión: la de servir a Cristo en este mundo. (*c*) Quería decir que *todo el poder que tuviera lo tenía por delegación.* El sanedrín era el tribunal supremo de los judíos. En cuestiones de religión, el sanedrín tenía autoridad sobre todos los judíos del mundo. Cuando el sanedrín llegaba a una decisión, esa decisión se le encomendaba a un *apóstolos* para que se la comunicara a las personas a las que concernía y para que comprobara que se cumplía. Cuando un *apóstolos* así era enviado, detrás de él y en él se hallaba la autoridad del sanedrín, cuyo representante era. El cristiano es el representante de Cristo en el mundo, pero no se le deja llevar a cabo esa tarea dependiendo de su propia fuerza y poder; la fuerza y el poder de Jesucristo están con él.

(ii) Pablo continúa diciendo que es apóstol *por la voluntad de Dios.* El tono de su voz no es aquí de orgullo, sino de simple admiración. Hasta el final de su vida Pablo estaba maravillado de que Dios hubiera escogido a un hombre como él para hacer Su obra. Un cristiano no debe nunca llenarse de orgullo por la tarea que Dios le asigna, sino llenarse de admiración de que Dios le haya tenido por digno de participar en Su obra.

Pablo pasa a dirigir su carta a los que viven en Éfeso y son fieles a Jesucristo. Un cristiano es una persona que vive siempre una doble vida. Los amigos de Pablo eran personas que vivían *en Éfeso* y *en Cristo.* Un cristiano tiene una dirección humana y otra divina; y ese es precisamente el secreto de la vida cristiana. Alister MacLean cuenta la historia de una señora del Noroeste de Gran Bretaña, que llevaba una vida muy dura pero vivía siempre en una serenidad perpetua. Cuando le preguntaban cuál era su secreto contestaba: «Mi secreto consiste en navegar todos los mares manteniendo siempre el corazón en el puerto.» Dondequiera que esté el cristiano, está *en Cristo.*

Pablo empieza con su saludo de costumbre: «Gracia sea a vosotros y paz.» Aquí tenemos dos grandes palabras de la fe cristiana.

Gracia tiene siempre dos connotaciones principales, como en español. La palabra griega es *jaris,* que puede querer decir *encanto.* Tiene que haber algo precioso en la vida cristiana. Cuando el Cristianismo deja de ser atractivo, deja de ser cristiano. La gracia describe siempre un regalo, y un regalo que le habría sido imposible a una persona el procurarse, y que nunca habría podido ganar o merecer de ninguna manera. Siempre que mencionamos la palabra *gracia,* debemos pensar en la absoluta amabilidad de la vida cristiana, y la absoluta generosidad inmerecida del corazón de Dios.

Cuando pensamos en la palabra *paz* en relación con la vida cristiana debemos tener cuidado. En griego la palabra es *eirênê,* que traduce la palabra hebrea *shalôm.* En la Biblia *paz* no es nunca una palabra puramente negativa. Nunca describe a secas la ausencia de guerra o de problemas. *Shalôm* quiere decir todo lo que contribuye al bien supremo de una persona. La paz cristiana es algo totalmente independiente de las circunstancias exteriores. Una persona puede que viva en abundancia y lujo y disfrutando de todo lo bueno de este mundo, puede que tenga las mejores casas imaginables, y las cuentas corrientes más abultadas, y sin embargo no tenga paz. Por otra parte, una persona puede que esté pasando necesidad en la cárcel, o muriendo en el patíbulo, o viviendo una vida carente de toda comodidad y tranquilidad, y estar en perfecta paz. La explicación es que no hay más que una fuente de paz en todo el mundo, y está en hacer la voluntad de Dios. Cuando estamos haciendo algo que sabemos que no deberíamos hacer, siempre hay una inquietud acechándonos en el fondo de nuestra mente. Pero, si estamos haciendo algo realmente difícil, hasta algo que no queremos hacer, o que no nos ha de reportar ningún beneficio material pero que sabemos que es lo que Dios quiere que hagamos, tenemos una profunda calma en el corazón. «En Su voluntad está nuestra paz.»

LOS ESCOGIDOS DE DIOS

Efesios 1:3-4

> *Bendito sea el Dios y Padre de nuestro Señor Jesu-*
> *cristo, que nos ha bendecido con todas las bendiciones*
> *espirituales que no se pueden encontrar nada más que*
> *en el Cielo, de la misma manera que nos eligió en Sí*
> *mismo antes de la creación del mundo para que fuéra-*
> *mos santos e irreprensibles delante de Él.*

En griego, el largo pasaje del versículo 3 al 14 es una sola oración. Es tan larga y complicada porque representa, no tanto una exposición razonada, como un poema lírico de alabanza. La mente de Pablo sigue adelante y adelante, no porque esté pensando en períodos lógicos, sino porque pasan delante de sus ojos don tras don y maravilla tras maravilla. Para entender este pasaje tenemos que descomponerlo y estudiarlo por secciones breves.

En esta sección Pablo está pensando en los cristianos como pueblo escogido de Dios, y su mente discurre por tres líneas.

(i) Piensa en *el hecho de la elección de Dios*. Pablo no pensaba nunca que había sido él el que había escogido hacer la obra de Dios. Siempre pensó que había sido Dios Quien le había escogido a él. Jesús les dijo a Sus discípulos : «No Me elegisteis vosotros a Mí, sino que fui Yo Quien os escogí a vosotros» *(Juan 15:16).* Aquí es donde está precisamente la maravilla. No sería tan maravilloso si fuera el hombre el que escogiera a Dios; la maravilla es que Dios escoja al hombre.

(ii) Pablo piensa en *la generosidad de la elección de Dios.* Dios nos escogió para bendecirnos con las bendiciones que no se pueden encontrar nada más que en el Cielo. Hay ciertas cosas que una persona puede descubrir por sí misma; pero hay otras que están totalmente fuera de su capacidad. Una persona puede adquirir por sí misma una cierta habilidad; puede llegar a una cierta posición; puede poseer una cierta cantidad de bienes de este mundo; pero, por sí misma, nunca puede alcanzar la bondad y la paz interior. Dios nos escogió para darnos esas cosas que solo Él puede dar.

(iii) Pablo piensa en *el propósito de la elección de Dios.* Dios nos escogió para que fuéramos *santos* e *irreprensibles.* Aquí tenemos dos grandes palabras. *Santo* es en griego *haguios,* que siempre conlleva la idea de *diferencia* y de *separación.* Un templo es *santo* porque es diferente de los otros edificios; un sacerdote es *santo* porque es diferente de las demás personas; una *víctima* es *santa* porque es diferente de los otros animales; el sábado es *santo* por que es diferente de los otros días; Dios es supremamente *santo* porque es supremamente diferente de todos las criaturas. Así que Dios escogió a los cristianos para que fueran *diferentes* de las demás personas.

Aquí tenemos un desafío que las iglesias modernas se resisten a arrostrar. En la Iglesia original, los cristianos no tenían nunca la menor duda de que tenían que ser diferentes de la gente del mundo. De hecho sabían que tenían que ser tan diferentes que lo más probable sería que el mundo los odiara, y hasta quisiera acabar con ellos. Pero la tendencia de las iglesias modernas es difuminar su diferencia con el mundo. De hecho, muchas veces se les dice a los creyentes: «Mientras vivas una vida decente y respetable, está bien que seas miembro de iglesia y que te consideres cristiano. No tienes por qué ser tan diferente de las demás personas.» De hecho, a un cristiano se le debería poder distinguir siempre en el mundo.

Tenemos que recordar siempre que esta diferencia en la que Cristo insiste no es la que *saca* a una persona del mundo; le hacen diferente *dentro de* él. Debería ser posible identificar al cristiano en la escuela, la tienda, la fábrica, el hospital, en cualquier sitio. Y la diferencia está en que el cristiano se comporta, no de acuerdo con las normas humanas, sino como le exige la ley de Cristo. Un profesor cristiano trata de cumplir la normativa, no de las autoridades educacionales o del director de su centro, sino de Cristo; y eso representa una actitud muy diferente de la corriente para con los estudiantes que tiene a su cargo. Un obrero cristiano no se conforma con cumplir las consignas del sindicato, sino las directrices de Jesucristo; y eso le hará ser sin duda una clase muy diferente de obrero, lo que puede muy bien hacer que le echen —pero siempre como persona, como obrero. Un empresario cristiano se preocupará de mucho más que de pagar el salario mínimo, o de crear las condiciones laborales mínimas. Es el simple hecho del asunto que, si los cristianos fuéramos *haguios,* diferentes, produciríamos la mayor revolución en la sociedad.

Irreprensibles es la palabra griega *amômos.* Su interés radica en que es una palabra del lenguaje de los sacrificios. Bajo la ley judía, antes de ofrecer un animal en sacrificio había que inspeccionarlo; y, si se le encontraba algún defecto, se rechazaba como impropio para ofrecerlo a Dios. Solamente lo mejor era adecuado para ofrecerse a Dios. *Amômos* indica que la persona total debe ser una ofrenda a Dios. Considera todos los aspectos de nuestra vida —trabajo, placer, deporte, vida familiar, relaciones personales—, y nos dice que deben ser tales que se los podamos ofrecer a Dios. Esta palabra no quiere decir que los cristianos deben ser respetables; quiere decir mucho más que eso: que deben ser *perfectos.* Decir que un cristiano tiene que ser *ámômos* es descartar conformarse con algo menos que lo mejor; quiere decir que el baremo del cristiano no es nada menos que la perfección.

EL PLAN DE DIOS

Efesios 1:5-6

> *Él decidió en Su amor antes que empezara el tiempo adoptarnos por medio de Jesucristo como Suyos, en el buen propósito de Su voluntad, para que todos alaben la gloria del don generoso que nos ha dado gratuitamente en el Amado.*

En este pasaje Pablo nos habla del plan de Dios. Una de las alegorías que usa más de una vez acerca de lo que Dios hace por los hombres es la de la adopción (Cp. *Romanos 8:23; Gálatas 4:5).* Dios nos ha adoptado en Su familia como hijos.

En el mundo antiguo, donde estaba en uso la ley romana, esto resultaría todavía más claro que entre nosotros. Porque allí la familia se basaba en lo que se llamaba la *patria potestas,* la autoridad del padre. Un padre tenía poder absoluto sobre sus hijos durante toda su vida. Podía vender a un hijo suyo como esclavo, y hasta matarle. Dión Casio nos dice que «la ley de los romanos le confiere al padre una autoridad absoluta sobre sus hijos, y sobre la totalidad de la vida de sus hijos. Le confiere autoridad, si así lo desea, de meterle preso, azotarle, hacerle trabajar en sus propiedades como esclavo encadenado y hasta matarle. Ese derecho continúa existiendo aunque el hijo sea lo suficientemente mayor como para cumplir una parte activa en asuntos políticos, aunque se le haya tenido por digno de ocupar el puesto de magistrado, y aunque le tengan respeto todas las personas.» Es absolutamente cierto que, cuando un padre estaba juzgando a su hijo, se suponía que convocara a los varones adultos de la familia a consulta; pero no lo tenía que hacer por obligación.

Se daba el caso de que un padre condenara a su hijo a muerte. Salustio *(La conspiración de Catilina, 39)* dice que Aulo Fulvio se unió al rebelde Catilina. Fue apresado durante un viaje, y devuelto a su lugar de origen. Y su padre dio orden de que se le matara. El padre lo hizo aplicando su autoridad privada, dando como razón que «él le había engendrado, no para Catilina contra su país, sino para su país contra Catilina.»

Según la ley romana, un hijo no podía poseer nada; y cualquier herencia que se le legara o cualquier regalo que se le hiciera eran propiedad de su padre. No importaba la edad del hijo, ni los honores y responsabilidades que hubiera alcanzado; estaba siempre totalmente bajo el poder de su padre.

En tales circunstancias, es obvio que la adopción era una decisión muy seria. Era, sin embargo, bastante frecuente, porque se adoptaban hijos muchas veces para asegurarse de que no se extinguiera la familia. El ritual de la adopción tiene que haber sido muy impresionante. Se llevaba a cabo mediante una venta simbólica, en la que se usaban monedas y balanzas. El padre real vendía a su hijo dos veces, y dos veces le recuperaba simbólicamente; finalmente le vendía por tercera vez, y a la tercera iba la vencida. Después, el padre adoptivo tenía que ir al *praetor,* uno de los magistrados romanos principales, y solicitar la legalización de la adopción. Solamente después de completar todo esto se consideraba definitiva la adopción.

Cuando la adopción se había realizado, era totalmente vinculante. La persona que había sido adoptaba tenía todos los derechos de un hijo legítimo en la nueva familia, y perdía todos los derechos que le correspondieran por su familia anterior. A los ojos de la ley era una nueva persona; hasta tal punto que hasta todas las deudas y obligaciones que le pudieran corresponder por su familia anterior quedaban abolidas como si no hubieran existido nunca.

Eso es lo que Pablo dice que Dios ha hecho por nosotros. Estábamos totalmente en poder del pecado y del mundo. Dios, por medio de Jesús, nos ha liberado de ese poder, y Su adopción borra el pasado y nos hace nuevas criaturas.

LOS DONES DE DIOS

Efesios 1:7-8

Porque es en Él en Quien tenemos una liberación que costó Su vida; en Él hemos recibido el perdón de los pecados, que solamente podía otorgarnos la magnanimidad de Su gracia, una gracia que Él nos dio con abundante provisión y que nos confiere toda sabiduría y toda prudencia.

En esta breve sección nos encontramos cara a cara con tres de las concepciones más grandes de la fe cristiana.

(i) Está *la liberación*. La palabra original es *apolytrôsis*. Viene del verbo *lytrûn,* que quiere decir *redimir.* Es la palabra que se usa para redimir a un prisionero de guerra o a un esclavo, o del continuo rescate que Dios otorga a Su pueblo en tiempos de prueba. Cada caso la concepción es la liberación de una persona de una condición de la que ella misma es incapaz de liberarse, o de un castigo que no habría podido evitar de ninguna manera.

Así que, en primer lugar, Pablo dice que Dios ha libertado a los hombres de una situación de la que ellos no se habrían podido nunca libertar a sí mismos. Precisamente eso es a lo que Cristo ha hecho por nosotros. Cuando Cristo vino a este mundo, la humanidad estaba agobiada por el sentimiento de su propia impotencia. Sabía que estaba viviendo una vida totalmente desquiciada; y también que era impotente para hacer ninguna otra cosa.

Séneca está lleno de esta clase de sentimiento de frustración irremediable. Los hombres, decía, eran abrumadoramente conscientes de su incapacidad en las cosas necesarias. Decía de sí mismo que era un *homo non tolerabilis,* una persona inaguantable. Los hombres, decía con una especie de desesperación, aman sus vicios y los odian al mismo tiempo. Lo que los hombres necesitan, clamaba, es que se les tienda una mano para levantarlos. Los pensadores más grandes del mundo pagano sabían que estaban en las garras de algo de lo que eran incapaces de librarse a sí mismos. Necesitaban *liberación*.

Fue precisamente esa liberación la que trajo Jesucristo; y sigue siendo verdad que Él puede liberar a las personas de la esclavitud a las cosas que las atraen y las repelen al mismo tiempo, de la que no se pueden librar a sí mismas. Para decirlo más sencillamente: Jesús todavía puede hacer que los malos se hagan buenos.

(ii) Está *el perdón*. El mundo antiguo estaba asediado por el sentimiento de pecado. Bien se podría decir que todo el Antiguo Testamento es un desarrollo del dicho «El alma que pecare, morirá» *(Ezequiel 18:4)*. Las personas eran conscientes de su propia culpabilidad y vivían en constante terror de su dios o dioses. Se dice algunas veces que los griegos no tenían sentimiento de pecado. Nada podría estar más lejos de la verdad. «Los hombres —decía Hesíodo— deleitan sus almas en la contemplación de lo que es su ruina.» Todos los dramas de Esquilo se basan en un solo texto: «El que la hace, la paga.» Una vez que una persona había hecho algo malo, tenía a Némesis a sus talones; y el castigo seguía al pecado tan irremisiblemente como la noche seguía al día. Como dice Shakespeare en *Ricardo Tercero:*

> *Mi conciencia tiene mil lenguas diferentes,*
> *y cada una de ellas cuenta su propia historia,*
> *y cada historia me delata como villano.*

Si había una cosa que la gente conociera era el sentimiento de pecado y el miedo a Dios. Jesús cambió todo eso. Enseñó, no a odiar a Dios, sino a amar a Dios. Porque Jesús vino al mundo, las personas, aun en su pecado, descubrieron el amor de Dios.

(iii) Hay *sabiduría* y *prudencia*. Las dos palabras en griego son *sofía* y *fronêsis,* y Cristo nos las trajo las dos. Esto es muy interesante. Los griegos escribieron mucho sobre estas dos palabras. Si una persona tenía ambas cosas, estaba perfectamente equipada para la vida.

Aristóteles definía *sofía* como el conocimiento de las cosas más preciosas. Cicerón la definía como el conocimiento de todo lo divino y lo humano. *Sofía* correspondía a la inteligencia investigadora. *Sofía* era la respuesta a los eternos problemas de la vida y de la muerte, de Dios y del hombre, del tiempo y de la eternidad.

Aristóteles definía *frónêsis* como el conocimiento de los asuntos humanos y de las cosas que es necesario planificar. Plutarco lo definía como el conocimiento práctico de todo lo que nos concierne. Cicerón lo definía como el conocimiento de las cosas que se han de buscar y de las que se han de evitar. Platón lo definía como la disposición de ánimo que nos permite juzgar qué cosas han de hacerse y cuáles no. En otras palabras, *frónêsis* es el sentido práctico que permite a las personas enfrentarse con los problemas prácticos de la vida diaria, y resolverlos.

Pablo afirma que Jesús nos trajo *sofía,* el conocimiento intelectual que satisface la mente, y *frónêsis,* el conocimiento práctico que nos permite resolver los problemas de la vida cotidiana. El carácter cristiano se presenta así como algo completo. Hay una clase de persona que está en su ambiente en el estudio, que se mueve con soltura entre los problemas filosóficos y teológicos, y que sin embargo se pierden en los asuntos ordinarios de la vida de cada día. Y hay otra clase de persona que se considera muy práctica, que se afana en los negocios de la vida, pero que no tiene interés en los asuntos del más allá. A la luz de los dones que Dios nos da por medio de Cristo, ambos caracteres son imperfectos. Cristo nos trae la solución de los problemas tanto de la eternidad como del tiempo.

LA META DE LA HISTORIA

Efesios 1:9-10

Esto sucedió porque Él nos dio a conocer el secreto de Su voluntad que había estado una vez oculto, pero que ahora es revelado, porque así Le ha placido en Su bondad. Este secreto era un propósito que Él se había formado en Su propia mente antes que empezara el tiempo, para que los períodos de tiempo fueran controlados y administrados hasta que llegaran a su pleno desarrollo, un desarrollo en el que todas las cosas, en el Cielo y en la Tierra, sean reunidas en unidad en Jesucristo.

Es en este punto cuando Pablo se enfrenta de veras con su tema. Dice, como lo traduce la versión Reina-Valera, que Dios nos ha dado a conocer «el misterio de Su voluntad.» El Nuevo Testamento usa la palabra *misterio* en un sentido especial. No es que sea algo misterioso en el sentido de que sea difícil de entender, sino más bien algo que se ha mantenido secreto durante mucho tiempo y que ahora se ha revelado, aunque sigue siendo incomprensible para los que no han sido iniciados en su significado.

Tomemos un ejemplo. Supongamos que llevamos a uno que no sabe absolutamente nada del Cristianismo a un culto de comunión. Para esa persona sería un completo misterio; no se enteraría ni lo más mínimo de lo que está teniendo lugar. Pero para el que conoce la historia y el significado de la Última Cena, todo el culto tiene un significado que está totalmente claro. Así que en el sentido del Nuevo Testamento un misterio es algo que está oculto para los no creyentes, pero claro para los cristianos.

¿Cuál era para Pablo el misterio de la voluntad de Dios? Que el Evangelio era también para los gentiles. Dios ha revelado en Jesús que Su amor y cuidado, Su gracia y misericordia, no son solamente para los judíos, sino para todo el mundo.

En este punto, Pablo presenta en una sola frase todo su gran pensamiento. Hasta este momento, los hombres han estado viviendo en un mundo dividido. Había división entre la naturaleza animal y la naturaleza humana; entre judíos y gentiles, entre griegos y bárbaros. Por todo el mundo hay tensión y lucha. Jesús vino al mundo para borrar las divisiones. Ese era para Pablo el secreto de Dios. Era el propósito de Dios que todos los cabos y los elementos que están en guerra en este mundo fueran unidos en Jesucristo.

Aquí tenemos otro pensamiento tremendo. Pablo dice que toda la Historia ha sido el desarrollo de este proceso. Dice que a través de todas las edades ha habido una ordenación y una administración de cosas para que en este día se produjera la unidad. La palabra que usa Pablo para esta preparación es *oikonomía,* que quiere decir literalmente *la administración de la casa.* El *oikonomos* era el mayordomo que estaba a cargo de que los asuntos de la familia fueran bien.

Los cristianos estamos convencidos de que la Historia es el desarrollo de la voluntad de Dios. Eso no es ni mucho menos lo que piensan todos los historiadores y filósofos. Oscar Wilde, en uno de sus epigramas, decía: «Les dais a vuestros hijos el calendario criminal de Europa, y a eso le llamáis Historia.» G. N. Clark, en su primera clase en Cambridge, dijo: «No hay ningún secreto ni ningún plan que descubrir en la Historia. No creo que ninguna consumación futura pueda dar sentido a todas las irracionalidades de las eras precedentes. Aunque se pudieran explicar, no se podrían justificar jamás.» En la introducción a su *Una Historia de Europa,* H. A. L. Fisher escribe: «Sin embargo, a mí se me ha negado una emoción intelectual. Otros más sabios y eruditos que yo han descubierto en la Historia una trama, un ritmo, un propósito predeterminado. Estas armonías me están ocultas. Lo único que yo puedo ver son sucesos que se siguen unos a otros como las olas siguen a las olas; solamente hay un gran hecho en relación con el cual, puesto que es único, no se pueden hacer generalizaciones; solamente hay una regla segura para el historiador: que debe

reconocer en el desarrollo de los destinos humanos el juego de
lo contingente y de lo imprevisto.» André Maurois dice: «El
universo es indiferente. ¿Quién lo creó? ¿Por qué estamos aquí
nosotros, en este insignificante puñado de barro que gira en el
espacio infinito? Yo no tengo ni la más ligera idea, y estoy
convencido de que nadie tiene ni la más mínima idea.»

Así es que resulta que estamos viviendo en una edad en la
que la gente ha perdido la fe en que el mundo tenga ningún
sentido. Pero los cristianos creemos y estamos convencidos de
que en este mundo se está desarrollando el propósito de Dios;
y Pablo estaba convencido de que ese propósito es que un día
todas las cosas y todas las personas formarán una familia en
Cristo. Según Pablo, ese misterio no se intuyó hasta que vino
Jesús, y ahora la gran tarea de la Iglesia consiste en desarrollar
el propósito de unidad que Dios nos ha revelado en Jesucristo.

JUDÍOS Y GENTILES

Efesios 1:11-14

*Fue en Cristo en Quien se nos asignó nuestra porción
en este esquema, que fue determinado por decisión de
Aquel Que controla todas las cosas según el propósito
de Su voluntad; que nosotros, que fuimos los primeros
en poner nuestra esperanza en la venida del Ungido de
Dios, llegáramos a ser el medio por el cual Su gloria
fuera alabada. Y fue en Cristo en Quien se determinó
que vosotros también llegarais a ser el medio por el que
la gloria de Dios fuera alabada, después que oyerais la
Palabra que nos trae la verdad, la Buena Noticia de
vuestra salvación —esa Buena Noticia en la cual, una
vez que llegasteis a creer, fuisteis sellados con el Espíritu
Santo, Que es el anticipo y la garantía de todo lo que
un día heredaremos, hasta que entremos a participar de
la plena redención que conlleva una posesión definitiva.*

Aquí nos da Pablo el primer ejemplo de la unidad que trajo Cristo. Cuando habla de *nosotros* quiere decir su propia nación, los judíos; cuando habla de *vosotros,* quiere decir los gentiles a los que se dirige; y cuando, en la última frase, dice *nosotros,* está pensando en los judíos y los gentiles juntos.

En primer lugar, Pablo habla de los judíos. A ellos también se les había asignado una porción en el plan de Dios. Fueron los primeros en creer en la venida del Ungido de Dios. A lo largo de toda su historia habían esperado y anhelado al Mesías. Su porción en el esquema de las cosas fue el ser la nación de la que habría de venir el Escogido de Dios.

El gran economista Adam Smith sostenía que todo el propósito de la vida se basaba en lo que él llamaba *el reparto del trabajo.* Quería decir que la vida solo puede proseguir cuando cada persona tiene un trabajo y lo cumple, y cuando los resultados de todos los trabajos se relacionan y forman un acervo común. El zapatero hace zapatos; el panadero cuece pan; el sastre hace ropa; cada uno tiene su propio trabajo, y cada uno se dedica a lo suyo; y cuando cada uno cumple su trabajo eficazmente se produce una situación de bienestar de toda la comunidad.

Lo que es verdad de las personas también lo es de las naciones. Cada nación tiene su parte en el orden de Dios. Los griegos enseñaron lo que es la belleza del pensamiento y de la forma. Los romanos enseñaron la ley y la ciencia del gobierno y de la administración. Los judíos enseñaron la religión. Los judíos fueron el pueblo preparado especialmente para que de ellos viniera el Mesías de Dios.

Eso no es decir que Dios no preparara también a los otros pueblos. Dios había estado preparando a personas y a naciones en todo el mundo para que sus mentes estuvieran dispuestas para recibir el mensaje del Evangelio cuando llegara a ellos. Pero el gran privilegio de la nación judía fue que fueron los primeros en esperar la venida al mundo del Ungido de Dios.

A continuación Pablo se vuelve hacia los gentiles. Ve dos etapas en su desarrollo.

(i) Recibieron la Palabra; los predicadores cristianos les trajeron el mensaje del Evangelio. Esa Palabra era dos cosas. Primera, era la Palabra de la verdad; les trajo la verdad acerca de Dios y acerca del mundo en que vivían y acerca de sí mismos. Segunda, era una Buena Noticia; era el mensaje del amor y de la gracia de Dios.

(ii) Fueron sellados con el Espíritu Santo. En el mundo antiguo —y en nuestro tiempo también— cuando se enviaba un saco o un cajón o un paquete, se lacraba con un sello para indicar de dónde procedía y a quién pertenecía. El Espíritu Santo es el sello que muestra que una persona pertenece a Dios. El Espíritu Santo al mismo tiempo nos muestra la voluntad de Dios y nos capacita para cumplirla.

Aquí Pablo dice una gran verdad acerca del Espíritu Santo. Llama al Espíritu Santo, como dice la versión Reina-Valera, «las arras de nuestra herencia hasta la redención de la posesión adquirida.» La palabra griega, de la que deriva la española, es *arrabôn*. El *arrabôn* era una característica regular en el mundo griego de los negocios. Era una parte del precio de la compra o del contrato que se pagaba anticipadamente como garantía de que la operación se hacía en firme. Se han conservado muchos documentos comerciales griegos en los que aparece la palabra. Una mujer vende una vaca, y recibe tantas dracmas como *arrabôn*. Se contratan algunas bailarinas para la fiesta de un pueblo, y se les paga tanto como *arrabôn*. Lo que Pablo está diciendo es que la experiencia del Espíritu Santo que tenemos en este mundo es un adelanto de la bendición del Cielo, y es la garantía de que algún día entraremos en la plena posesión de la bendición de Dios.

Las experiencias más elevadas de paz y gozo cristiano que se pueden disfrutar en este mundo no son más que leves primicias o adelantos del gozo y de la paz en que entraremos un día. Es como si Dios nos hubiera dado lo bastante para aguzarnos el apetito para más, y suficiente para asegurarnos que algún día nos lo dará todo.

LAS SEÑALES DISTINTIVAS DE LA IGLESIA

Efesios 1:15-23

> *Como he sabido de vuestra fe en Jesucristo y de*
> *vuestro amor a todos los que están consagrados a Dios,*
> *no dejo nunca de dar gracias por vosotros y de recorda-*
> *ros en mis oraciones. El propósito de mis oraciones al*
> *Dios de nuestro Señor Jesucristo, Padre glorioso, es que*
> *os dé Espíritu de sabiduría, el Espíritu que os traiga una*
> *nueva revelación para que lleguéis a conocerle cada vez*
> *más plenamente. El propósito de mis oraciones es que*
> *se os iluminen los ojos del entendimiento para conocer*
> *la esperanza que os ha traído Su llamamiento, qué rique-*
> *za de gloria hay en nuestra herencia entre los santos, qué*
> *grandeza insuperable hay en Su poder para con nosotros*
> *los que creemos con una fe que produjo el poder de Su*
> *fuerza, aquel poder que obró en Cristo resucitándole de*
> *entre los muertos y situándole a la diestra de Dios en los*
> *lugares celestiales, sobre todos los gobernadores y auto-*
> *ridades y poderes y señoríos, sobre todas las dignidades*
> *que se honran no sólo en esta era sino también en la por*
> *venir. Dios Le ha sujetado todas las cosas y Le ha dado*
> *por Cabeza suprema a la Iglesia, la Iglesia que es Su*
> *complemento Cuerpo, la Iglesia que pertenece al Que*
> *está ocupando todas las cosas en todos los lugares.*

La parte supremamente importante, el segundo gran paso
del pensamiento de Pablo, está al final de este pasaje; pero hay
ciertas cosas que debemos notar en los versículos precedentes.

Aquí se nos presentan en un perfecto resumen las características de la verdadera Iglesia. Pablo ha oído de la fe en
Jesucristo de los destinatarios de su carta, y del amor que tienen
a todas las personas que están consagradas a Dios. Las dos
cosas que deben caracterizar a cualquier verdadera Iglesia son
la lealtad a Cristo y *el amor a todos los hombres*.

Hay una lealtad a Cristo que no desemboca en el amor a nuestros semejantes. Los monjes y los ermitaños tenían una cierta lealtad a Cristo que les hacía abandonar las actividades normales de la vida haciéndoles vivir solos en lugares desiertos. Los cazadores de herejías de la Inquisición española y de otros muchos lugares y tiempos tenían una cierta lealtad a Cristo que les hacía perseguir a todos los que no pensaban como ellos. Antes de que viniera Cristo, los fariseos daban muestras de una cierta lealtad a Dios que les hacía despreciar olímpicamente a todos los que ellos consideraban menos leales a Dios que ellos.

El verdadero cristiano ama a Cristo y ama a sus semejantes. Y todavía más: sabe que no puede mostrarle su amor a Cristo de ninguna otra manera que mostrándoselo a sus semejantes. Por muy ortodoxa que sea una iglesia, por muy pura que sea su teología y por muy noble que sea su liturgia, no es una iglesia verdadera en el sentido real del término a menos que se caracterice por su amor a sus semejantes. Hay iglesias que rara vez hacen pronunciamientos públicos a menos que sea para censurar o criticar. Puede que sean ortodoxas, pero no son cristianas. La verdadera Iglesia se caracteriza por un doble amor: amor a Cristo, y amor a sus semejantes.

F. W. Boreham cita un pasaje de *La sombra de la espada* de Robert Buchanan, en el que este autor describe la Capilla del Odio: «Estaba situada en un monte inhóspito y desierto de la Bretaña francesa hace cien años. Estaba en ruinas; los muros estaban negros y sucios con el légamo de los siglos; alrededor del altar derruido había ortigas y otras malas hierbas de crecían hasta la altura del pecho; mientras una niebla negra preñada de lluvia se cernía noche y día sobre el lúgubre escenario. Por encima de la entrada de la capilla, pero medio borrado, estaba su nombre. Estaba dedicada a Nuestra Señora del Odio. "Aquí —dice Buchanan—, en horas de pasión y dolor, venían hombres y mujeres a lanzar maldiciones a sus enemigos: la moza a su amor falso, el amante a su querida infiel, el marido a su esposa traidora —pidiendo todos a una que nuestra Señora del Odio los oyera, y que la persona odiada muriera dentro de aquel año."» Y entonces el novelista añade: «¡Con tal brillo y profundidad había brillado la tierna luz cristiana dentro de sus mentes!»

Una capilla del odio es una concepción horrible; y sin embargo, ¿estamos siempre tan lejos como debemos de ella? Odiamos a los comunistas o a los capitalistas; a los fundamentalistas o a los modernistas; a la persona que tiene una teología diferente de la nuestra; al católico romano o al protestante, según los casos. Hacemos declaraciones que se caracterizan, no por su amor cristiano, sino por una especie de amargura condenatoria. Haríamos bien en recordar de vez en cuando que el amor a Cristo y el amor a nuestros semejantes no pueden existir el uno sin el otro. Nuestra tragedia es que es verdad a menudo lo que dijo Swift una vez: «Tenemos suficiente religión para odiar, pero no para amar.»

LA ORACIÓN DE PABLO POR LA IGLESIA

Efesios 1:15-23 (continuación)

En este pasaje vemos lo que Pablo pide a Dios para la Iglesia que ama y que va bien.

(i) Pide el Espíritu de sabiduría. La palabra que usa para *sabiduría* es *sofía,* que ya hemos visto que es el conocimiento de las cosas profundas de Dios. Pide que la Iglesia sea conducida a mayores y mayores profundidades en el conocimiento de las verdades eternas. Para que eso suceda hacen falta ciertas cosas.

(*a*) Es necesario contar con personas que piensan. Boswell nos cuenta que Goldsmith le dijo una vez: «De la misma manera que adquiero mis zapatos del zapatero, y mi ropa del sastre, así adquiero mi religión del sacerdote.» Hay muchos que son así; y sin embargo la religión no es nada a menos que sea un descubrimiento personal. Como decía Platón hace mucho:

«Una vida sin examen de conciencia no vale la pena vivirla,» y una religión que no se ha examinado personalmente y a conciencia no es una religión que valga la pena tener. Es una obligación de toda persona pensante el pensar en su camino hacia Dios.

(*b*) Es necesario contar con un ministerio de enseñanza. William Chillingworth decía: «La Biblia, y la Biblia a secas, es la religión de los protestantes.» Eso puede que sea verdad, pero muchas veces no lo parece. La exposición de la Escritura desde el púlpito es una primera necesidad para un despertar espiritual.

(*c*) Es necesario que tengamos un sentido autoajustable de proporción. Es uno de los hechos extraños de la vida de la Iglesia que, en los comités eclesiásticos como las juntas de iglesia, los presbiterios y hasta las asambleas generales, se dedican veinte horas a la discusión de problemas mundanos de administración por cada hora que se dedica a cuestiones espirituales.

(ii) Pablo pide a Dios para la Iglesia una revelación y un conocimiento más plenos de Dios. Para el cristiano, el crecimiento en el conocimiento y en la gracia es esencial. Cualquier persona que tenga una profesión sabe que no se puede permitir dejar de estudiar. Ningún médico piensa que ha acabado de aprender cuando deja de asistir a las aulas de su facultad. Sabe que semana tras semana, y casi día a día, se descubren nuevas técnicas y tratamientos, y, si quiere seguir siendo de servicio a los que tienen enfermedades y sufren dolores, tiene que mantener el ritmo con ellos. Así sucede con los cristianos. La vida cristiana se podría describir como conocer mejor a Dios día a día. Una amistad que no crece en intimidad con el tiempo tiende a desvanecerse con el tiempo, y eso es lo que sucede entre nosotros y Dios.

(iii) Pide a Dios para la Iglesia una nueva concienciación de la esperanza cristiana. Es casi una característica de la edad en que vivimos que es una edad de desesperación. Thomas Hardy escribía en *Tess:* «Algunas veces pienso que los mundos son como las manzanas de nuestro árbol enfermo: algunas tienen un aspecto estupendo, y otras, de pena.» Y entonces llega la pregunta: «¿En qué clase de mundo vivimos? ¿En un mundo espléndido o en uno irremisiblemente malo?» La respuesta de Tess es: «En uno de pena.» Entre las guerras, sir Philip Gibbs escribía: «Si huelo a gases asfixiantes en Edgeware Road, no voy a ponerme la máscara antigás, o a meterme en un refugio antigás. Me saldré a aspirarlo a pleno pulmón, porque me daré cuenta de que *la partida ha terminado.*» H. G. Wells escribió una vez lúgubremente: «El ser humano, que empezó en una cueva soleada a cubierto del viento, terminará en un suburbio contaminado en ruinas.» Por todas partes resuenan las voces de los pesimistas; nunca hizo más falta que ahora el sonido de trompeta de la esperanza cristiana. Si el mensaje cristiano es verdad, el mundo no va de camino a su disolución, sino a su consumación.

(iv) Pide a Dios una nueva concienciación del poder de Dios. Para Pablo, la prueba suprema de ese poder había sido la Resurrección. Fue la demostración de que el propósito de Dios no se puede detener por ninguna acción humana. En un mundo que parece caótico, es bueno darse cuenta de que Dios sigue en control.

(v) Pablo acaba hablando de la conquista de Cristo en una esfera que no quiere decir gran cosa para mucha gente hoy. La versión Reina-Valera dice que Dios ha elevado a Jesucristo «sobre todo principado y autoridad, poder y señorío, y sobre todo nombre que se nombra.» En los días de Pablo se creía sin la menor duda tanto en los demonios como en los ángeles; y estas palabras que usa Pablo son los títulos de diferentes grados de ángeles. Está diciendo que no hay ningún ser en el Cielo ni en la Tierra al que Jesucristo no sea superior. En esencia la oración de Pablo es que los creyentes nos demos cuenta de la grandeza del Salvador que Dios nos ha dado.

EL CUERPO DE CRISTO

Efesios 1:15-23 (conclusión)

Llegamos a los dos últimos versículos de este capítulo, en los que Pablo expone uno de los pensamientos más aventureros y elevados que haya tenido nadie jamás. Llama a la Iglesia por su título supremo: *El Cuerpo de Cristo.*

A fin de entender lo que Pablo quiere decir, volvamos al pensamiento clave de esta epístola. El mundo tal como se nos presenta es una desunión total. Hay desunión entre judíos y gentiles, entre griegos y bárbaros; hay desunión entre diferentes personas de la misma nación; hay desunión dentro de cada persona, porque en cada uno de nosotros el bien lucha con el mal; hay desunión entre la humanidad y la naturaleza, y, sobre todo, hay desunión entre el hombre y Dios. La tesis de Pablo era que Jesús había muerto para unir en uno todos los elementos discordantes de este universo, borrar las separaciones, reconciliar al hombre con el hombre y al hombre con Dios. Jesucristo era por encima de todo el instrumento de Dios para la reconciliación.

Fue para reunir todas las cosas y a todas las personas en una sola familia para lo que Cristo murió. Pero está claro que esa unidad no existe todavía. Echemos mano de una analogía humana. Supongamos que un gran médico descubre la cura del cáncer. Una vez que se ha descubierto, la cura existe; pero antes de que esté disponible para todos los enfermos que la necesitan tiene que salir al mundo. Los médicos y los cirujanos deben tener conocimiento de ella y entrenarse para usarla. La cura existe, pero una sola persona no puede llevarla a todos los que la necesitan; un cuerpo de médicos tiene que ser el agente que se encargue de que llegue a todos los pacientes del mundo. Eso es precisamente lo que es la Iglesia de Jesucristo. Es en Jesús en Quien todos los seres humanos y todas las naciones pueden llegar a ser una sola cosa; pero antes de que eso suceda tienen que conocer a Jesucristo, y esa es la tarea de la Iglesia.

Cristo es la Cabeza; la Iglesia es el Cuerpo. La cabeza tiene que tener un cuerpo para actuar. La Iglesia es literalmente las manos para hacer la obra de Cristo, los pies para ir por Él a todas partes y la voz para proclamar Su palabra.

En la frase final del capítulo, Pablo expone dos pensamientos tremendos. Dice que la Iglesia es el complemento de Cristo. De la misma manera que las ideas de la mente no se pueden realizar sin el cuerpo, la gloria maravillosa que Cristo trajo a este mundo no se puede hacer efectiva sin la obra de la Iglesia. Pablo pasa a decir que Jesús está llenando paulatinamente todas las cosas en todos los lugares, y que esa acción la está desarrollando la Iglesia. Este es uno de los pensamientos más alucinantes del Evangelio. Quiere decir nada menos que que el plan de Dios de un mundo unido depende de la Iglesia.

Hay una leyenda antigua que nos cuenta lo que pasó cuando Jesús volvió al Cielo después de haber pasado un tiempo en la Tierra. Aun en el Cielo seguía llevando las cicatrices de Su pasión. Los ángeles estaban hablando con Él, y Gabriel dijo: «Maestro, tienes que haber sufrido terriblemente por los humanos de allí abajo.» «Es verdad,» le contestó Jesús. «Y —siguió diciéndole Gabriel—, ¿ya saben todos cuánto los has amado y lo que has hecho por ellos?» «Oh no —dijo Jesús—, todavía no. Hasta ahora solo lo saben unos pocos en Palestina.» «¿Y qué plan has hecho —dijo Gabriel— para que todos lo sepan?» Jesús dijo: «Les he pedido a Pedro y a Santiago y a Juan y a otros pocos que dediquen sus vidas a hablarles a otros de Mí; y los otros se lo dirán a otros, y así a otros, hasta que el último ser humano en el último rincón de la Tierra sepa lo que Yo he hecho.» Gabriel parecía dudar, porque sabía muy bien lo poco de fiar que somos los humanos. «Sí —dijo—, ¿pero qué si Pedro y Santiago y Juan se olvidan? ¿Y si no cumplen los que vayan detrás? ¿Qué si allá abajo, en el siglo veinte, la gente no sigue hablando de Ti? ¿Es que no has hecho ningún otro plan?» Y Jesús respondió: «Pues no, no he hecho ningún otro plan. *Cuento con ellos.*» Decir que la Iglesia es el Cuerpo de Cristo quiere decir que Jesús cuenta con nosotros.

LA VIDA SIN CRISTO
Y LA GRACIA DE DIOS

Efesios 2:1-10

*Cuando estabais muertos en vuestros pecados y trans-
gresiones, esos pecados y transgresiones en los que vivíais en un tiempo, viviendo la vida de la manera que la
vive esta edad presente del mundo, viviendo la vida como
dicta el que gobierna el poder del aire, ese espíritu que
ahora opera en los hijos de desobediencia —y en un
tiempo todos nosotros también vivíamos la misma clase
de vida que esos hijos de desobediencia, una vida en la
que nos encontrábamos a merced de los deseos de nuestra naturaleza inferior, una vida en la que seguíamos los
deseos de nuestra naturaleza inferior y nuestros propios
designios, una vida en la que, por lo que se refiere a la
naturaleza humana, no merecíamos nada más que la ira
de Dios, lo mismo que todos los demás—. Aunque éramos
todos así, digo, Dios, Que es rico en misericordia, y a
causa del gran amor con que nos ha amado, nos dio la
vida en Jesucristo, aun cuando estábamos muertos en
transgresiones (es por gracia por lo que habéis sido
salvados), y nos resucitó con Cristo, y nos concedió
sentarnos en los lugares celestiales con Cristo, gracias
a lo que Jesucristo hizo por nosotros. Esto hizo para que
en la edad por venir pudieran demostrarse las riquezas
extraordinarias de Su gracia en Su amabilidad hacia
nosotros en Jesucristo. Porque es por gracia, apropiada
mediante la fe, como habéis sido salvados. No ha sido
por nada que vosotros hicierais. Fue un regalo que Dios
os hizo. No fue el resultado de obras, porque había sido
el designio de Dios que nadie tuviera motivos para
enorgullecerse. Porque somos Su obra, creados en Jesucristo para buenas obras, obras que Dios preparó de
antemano para que nos condujéramos en ellas.*

En este pasaje, el pensamiento de Pablo fluye prescindiendo
de las reglas de la gramática; empieza oraciones y no las acaba;
empieza con una construcción, y a mitad de camino se desliza
a otra. Esto es así porque se trata más bien de un poema del
amor de Dios que de una exposición teológica sistemática. El
canto del ruiseñor no se puede analizar con las reglas de la
composición musical. La alondra canta por el gozo de cantar.
Eso es lo que hace aquí Pablo. Está derramando el corazón,
y las exigencias de la gramática tienen que ceder el paso a la
maravilla de la gracia.

LA VIDA SIN CRISTO

Efesios 2:1-3

*Cuando estabais muertos en vuestros pecados y
transgresiones, esos pecados y transgresiones en los que
vivíais en un tiempo, viviendo la vida de la manera que
la vive esta edad presente del mundo, viviendo la vida
como dicta el que gobierna el poder del aire, ese espíritu
que ahora opera en los hijos de desobediencia —y en
un tiempo todos nosotros también vivíamos la misma
clase de vida que esos hijos de desobediencia, una vida
en la que nos encontrábamos a merced de los deseos de
nuestra naturaleza inferior, una vida en la que seguíamos los deseos de nuestra naturaleza inferior y nuestros
propios designios, una vida en la que, por lo que se
refiere a la naturaleza humana, no merecíamos nada
más que la ira de Dios, lo mismo que todos los demás.*

Cuando Pablo habla de *vosotros*, se está refiriendo a los
gentiles; cuando habla de *nosotros*, se refiere a los judíos, que
eran sus compatriotas. En este pasaje muestra lo terrible que
era la vida sin Cristo tanto para los gentiles como para los
judíos juntamente.

(i) Dice que esta vida se vive en pecados y transgresiones. Las palabras que usa son interesantes. La palabra para *pecado* es *hamartía;* y *hamartía* es una palabra de la caza y del tiro deportivo o guerrero, y quiere decir no dar en el blanco. Cuando un tirador lanza la flecha y falla el tiro, eso es *hamartía.* El pecado es el fracaso en el intento de alcanzar una meta en la vida. Por eso precisamente es por lo que el pecado es tan universal.

Por lo general, tenemos una idea equivocada del pecado. Estaríamos de acuerdo sin duda en que el ladrón, el asesino, el violador, el borracho, el terrorista, son pecadores; pero, puesto que la mayor parte de nosotros somos ciudadanos respetables, en lo más íntimo de nuestro corazón creemos que el pecado no nos concierne gran cosa. Más bien nos ofenderíamos si se nos dijera que somos pecadores que merecemos el infierno. Pero *hamartía* nos pone cara a cara con lo que es realmente el pecado: el fracaso en ser lo que debemos y podemos ser.

¿Es un hombre tan buen marido como puede ser? ¿Trata de hacerle la vida más fácil y agradable a su esposa? ¿Le hacen sufrir a su familia sus cambios de humor? ¿Es una mujer tan buena esposa como puede? ¿Se toma de veras interés en el trabajo de su marido y trata de comprender sus problemas y preocupaciones? ¿Somos tan buenos padres como podríamos ser? ¿Dirigimos y entrenamos a nuestros hijos para la vida como es nuestro deber, o esquivamos esa responsabilidad a veces o a menudo? A medida que van creciendo nuestros hijos, ¿nos acercamos más a ellos, o los dejamos que se distancien hasta tal punto que resulta difícil la conversación, y que ellos y nosotros somos prácticamente extraños? ¿Somos tan buenos hijos como podríamos ser? ¿Tratamos de alguna manera de mostrarnos agradecidos por lo que se ha hecho por nosotros? ¿Vemos alguna vez el dolor en los ojos de nuestros padres, y sabemos que somos nosotros los que se lo hemos causado? ¿Somos tan buenos trabajadores como podríamos ser? ¿Llenamos cada hora de trabajo con una labor concienzuda y responsable, y hacemos cada tarea todo lo bien que podemos?

Cuando nos damos cuenta de lo que es el pecado vemos que no es algo que se han inventado los curas o los pastores, sino que es algo que inunda la vida. Es el fracaso en cualquier esfera de la vida de ser como debemos y podemos ser.

La otra palabra que usa Pablo, que traducimos por *transgresiones,* es *paráptôma.* Quiere decir literalmente *resbalón* o *caída.* Se usa de una persona que yerra el camino, y que cada vez se aleja más de lo que debería ser su destino; se usa de un hombre que se despista, y se desliza por terrenos peligrosos lejos de la verdad. Transgresión es seguir un camino equivocado cuando podríamos seguir el correcto; es faltar a la verdad que debemos conocer. Por tanto es el fracaso en alcanzar la meta que deberíamos habernos propuesto.

¿Estamos en la vida donde debemos estar? ¿Hemos alcanzado la meta de eficacia y habilidad que podían hacernos alcanzar nuestras condiciones? ¿Hemos alcanzado la meta de servicio a los demás que teníamos la obligación de alcanzar? ¿Hemos alcanzado la meta de bondad que podríamos haber alcanzado?

La idea central de pecado es el fracaso, fracaso de acertar en la intención, fracaso de mantenernos en el camino debido, fracaso de hacer la vida lo que podríamos haberla hecho; y esa definición nos incluye a cada uno de nosotros.

LA MUERTE EN VIDA

Efesios 2:1-3 *(continuación)*

Pablo habla de personas que están *muertas en pecados.* ¿Qué quería decir? Algunos lo han tomado en el sentido de que sin Cristo las personas viven en un estado de pecado que en la vida por venir produce la muerte del alma. Pero Pablo no está hablando de la vida venidera; está hablando de la vida presente. Hay tres direcciones en las que el efecto del pecado es mortal.

(i) *El pecado mata la inocencia.* Nadie sigue siendo el mismo después de cometer un pecado. Los psicólogos nos dicen que nunca olvidamos realmente nada.

Puede que no quede en nuestra memoria consciente, pero todo lo que hemos hecho o visto u oído o experimentado de alguna manera alguna vez queda enterrado en nuestra memoria inconsciente. El resultado es que el pecado produce un efecto permanente en la persona.

En la novela *Trilby* de Du Maurier se nos presenta un ejemplo de esto. Por primera vez en su vida, Little Billee ha tomado parte en una juerga de borrachos, y se ha emborrachado. «¡Y cuando, después de dormir durante cuarenta y ocho horas o algo así los humos de ese memorable exceso navideño, descubrió que le había sucedido una cosa triste y extraña! Era como si un aliento fétido hubiera empañado su espejo del recuerdo, dejando una pequeña película por detrás, de forma que ninguna cosa del pasado que quisiera ver en él se reflejara exactamente con la misma claridad prístina. Como si el agudo, rápido filo de navaja de su poder para alcanzar y evocar el anterior encanto y el atractivo y la esencia de las cosas se le hubiera mellado y estropeado. Como si la floración de esa alegría especial, el don que él tenía de recuperar emociones y sensaciones y situaciones pasadas, y de actualizarlas de nuevo mediante un sencillo esfuerzo de voluntad, se le hubiera desvanecido para siempre. Y ya nunca recuperó el uso completo de esa facultad tan preciosa de la juventud y de la niñez feliz, y de lo que había poseído antes sin darse cuenta de una manera tan singular y excepcional.»

La experiencia del pecado le había dejado una especie de película opaca en la mente, y las cosas ya no podrían ser tan luminosas como antes. Si manchamos un traje o una alfombra, podemos mandarlos al tinte, pero no se quedan realmente como antes. El pecado hace algo a la persona; mata la inocencia; y la inocencia, una vez que se pierde, ya no se puede recuperar. Como decía el poeta,

Morirá la primavera:
suene la gaita, — ruede la danza;
mas cada año en la pradera
tornará el manto — de la esperanza.

La inocencia de la vida
(calle la gaita — pare la danza)
no torna una vez perdida.
¡Perdí la mía!, — ¡hay, mi esperanza!

(Pablo Piferrer, *Canción de la Primavera*).

(ii) *El pecado mata los ideales.* En las vidas de muchos hay una especie de proceso trágico. Al principio, una persona considera una mala acción con horror; la segunda etapa llega cuando tiene la tentación de hacerlo, pero, aun cuando lo está haciendo, se siente todavía desgraciado e inquieto y muy consciente de la está mal; la tercera etapa llega cuando ya ha hecho aquello tantas veces que ya se hace sin remordimientos. Cada pecado hace más fácil el siguiente. El pecado es una especie de suicidio, porque mata los ideales que hacen que valga la pena vivir la vida.

(iii) Por último, *el pecado mata la voluntad.* En un principio, uno se entrega a algún placer prohibido porque quiere; al final, se entrega a él porque no lo puede evitar. Una vez que algo se convierte en un hábito, no está lejos de ser una necesidad. Cuando uno ha permitido que le domine algún hábito, alguna permisividad, alguna práctica prohibida, llega a ser su esclavo. Como recoge un antiguo dicho: «Siembra un hecho, y cosecharás un hábito; siembra un hábito, y cosecharás un carácter; siembra un carácter, y cosecharás un destino.»

El pecado tiene un cierto poder asesino. Mata la inocencia; el pecado se puede perdonar, pero sus efectos permanecen. Como decía Orígenes: «Quedan las cicatrices.» El pecado mata los ideales; las personas empiezan a hacer sin remordimientos lo que en un principio les producía horror. El pecado mata la voluntad; acaba por dominar a una persona de tal manera que ya no se puede librar de él.

LAS SEÑALES DE LA VIDA SIN CRISTO

Efesios 2:1-3 (conclusión)

En este pasaje Pablo presenta una especie de lista de las características de la vida sin Cristo.

(i) Es la vida que se vive de acuerdo con esta edad presente. Es decir: es la vida que se vive de acuerdo con los baremos y los valores del mundo. El Evangelio exige *perdonar,* pero los escritores antiguos decían que era una señal de debilidad el tener la posibilidad de vengarse de una injuria y no hacerlo. El Evangelio demanda *amar aun a nuestros enemigos;* pero Plutarco decía que la señal de un buen hombre era ser útil a sus amigos y terrible a sus enemigos. El Evangelio demanda *servir;* pero el mundo no puede comprender al misionero, por ejemplo, que va a alguna tierra extranjera para enseñar en una escuela o colaborar en un hospital por la cuarta parte del sueldo que le pagarían en su país en cualquier trabajo secular. La esencia de los baremos del mundo es que colocan al yo en el centro; la esencia del baremo cristiano es que pone a Cristo y a los demás en el centro. La esencia de una persona mundana es, como ha dicho alguien, que «conoce el precio de todo y el valor de nada.» La motivación del mundo es la ganancia; la dinámica del cristiano es el deseo de servir.

(ii) Es la vida que se vive bajo los dictados del príncipe del aire. Aquí nos encontramos de nuevo con algo que era muy real en los días de Pablo, pero que no lo es tanto para muchos ahora. El mundo antiguo creía a pies juntillas en los demonios. Creía que el aire estaba tan abarrotado de estos demonios que no había espacio ni para introducir la punta de un alfiler entre ellos. Pitágoras decía: «Todo el aire está lleno de espíritus.»

Filón decía: «Hay espíritus volando por todas partes en el aire.» «El aire es la morada de los espíritus desencarnados.» Esos espíritus no eran todos malos, pero muchos sí, y se proponían propagar el mal frustrando los propósitos de Dios, y arruinar a las almas humanas. Los que estaban bajo su influencia se encontraban en oposición a Dios.

(iii) Es una vida que se caracteriza por la desobediencia. Dios tiene muchas maneras de revelarles Su voluntad a las personas. Lo hace por medio de la conciencia, la voz del Espíritu Santo que nos habla en nuestro interior; o dándoles a las personas la sabiduría y los mandamientos de Su Libro; o por medio del consejo de personas buenas y piadosas. Pero el que vive la vida sin Cristo sigue su propio camino, aun cuando sabe cuál es el de Dios.

(iv) Es una vida que está a merced del deseo. La palabra para *deseo* es *epithymía,* que quiere decir expresamente el deseo de lo que es malo y nos está prohibido. El sucumbir a ello es llegar irremisiblemente al desastre.

Una de las tragedias del siglo XIX fue la carrera de Oscar Wilde. Tenía una inteligencia excepcional, y obtuvo los honores académicos más altos; era un escritor ingenioso, y obtuvo las más altas recompensas en literatura. Tenía todo el encanto del mundo, y era un hombre simpático por naturaleza; sin embargo, cayó en la tentación, y acabó en la cárcel y en la deshonra. Cuando estaba sufriendo las consecuencias de su caída escribió su libro *De profundis,* en el que decía: «Los dioses me habían dado casi todo. Pero yo me dejé seducir por largos períodos de abandono insensato y sensual... Cansado de estar en las cimas, descendí a las simas en busca de nuevas sensaciones. Lo que era para mí la paradoja en la esfera del pensamiento llegó a serme la perversidad en la esfera de la pasión. Dejaron de importarme las vidas de los demás. Asumí el placer donde se me antojó, y seguí adelante. Olvidé que todas las pequeñas acciones de la vida corriente hacen o deshacen el carácter, y que, por tanto, lo que uno ha hecho en la cámara secreta tendrá algún día que proclamarlo desde los tejados.

Dejé de tener control sobre mí mismo. Ya no era el capitán de mi propia alma, aunque no lo sabía. Me dejé dominar por el placer. Acabé en una horrible deshonra.»

El deseo es un mal amo, y el estar a merced del deseo es la peor esclavitud. Y el deseo no es simplemente una debilidad del cuerpo; es el ansia de la cosa prohibida.

(v) Es la vida que sigue lo que la Reina-Valera llama «los deseos de nuestra carne.» Debemos tratar de entender lo que Pablo quiere decir con esta expresión. Quiere decir mucho más que los pecados sexuales. En *Gálatas 5:19-21,* Pablo hace una lista de «las obras de la carne.» Es verdad que empieza por el adulterio y la fornicación, pero seguidamente incluye la idolatría, el odio, la ira, la rivalidad, las envidias, las sediciones, las divisiones heréticas. La carne es la parte de nuestra naturaleza que le ofrece una cabeza de puente al pecado.

El significado de «la carne» será diferente para personas diferentes. Uno puede que tenga su talón de Aquiles en el cuerpo, y su riesgo sea el pecado sexual; otro puede que lo tenga en las cosas espirituales, y su riesgo sea el orgullo; el de otro puede estar en las cosas de este mundo, y su riesgo en la ambición indigna; otro puede que lo tenga en el temperamento, y su riesgo en las envidias y las rivalidades. Todos estos son pecados de la carne. Que nadie crea que, porque se ha librado de los pecados más groseros del cuerpo ha evitado los pecados de la carne. La carne es todo lo que hay en nosotros que le ofrece una oportunidad al pecado; es la naturaleza humana sin Dios. El vivir de acuerdo con los dictados de la carne es sencillamente vivir de tal manera que nuestra naturaleza inferior, la peor parte de nosotros, domine nuestra vida.

(vi) Es una vida que no merece más que la ira de Dios. Muchas personas están amargadas porque creen que no se les ha dado nunca lo que merecen sus talentos y esfuerzos. Pero, a la vista de Dios, ninguna persona merece nada más que la condenación. Ha sido solo Su amor en Cristo lo que ha perdonado a las personas que no merecen más que Su castigo, personas que habían ofendido Su amor y quebrantado Su ley.

LA OBRA DE CRISTO

Efesios 2:4-10

> *Aunque todos nosotros estábamos en esa condición,*
> *digo yo, Dios, porque es rico en misericordia y porque*
> *nos ha amado con un amor tan grande, nos dio la vida*
> *en Jesucristo, aun cuando estábamos muertos en trans-*
> *gresiones (es por gracia como habéis sido salvados), y*
> *nos resucitó con Cristo, y nos aposentó en los lugares*
> *celestiales con Cristo, en virtud de lo que Jesucristo*
> *había hecho por nosotros. Esto lo hizo para que en la*
> *edad por venir se demostrara la riqueza superabundante*
> *de Su gracia en Su benevolencia para con nosotros en*
> *Jesucristo. Porque habéis sido salvados por gracia,*
> *recibiéndola por la fe, no por nada que hubierais hecho*
> *vosotros. Fue una don gratuito de Dios. No fue el re-*
> *sultado de vuestras obras, porque era el designio de*
> *Dios que ninguno tuviera motivos para enorgullecerse.*
> *Porque nosotros somos Su obra, creados en Jesucristo*
> *para buenas obras, obras que Dios preparó de antema-*
> *no para que nosotros nos condujéramos por ellas.*

Pablo había empezado diciendo que nos encontrábamos en
una condición de muerte espiritual en pecados y transgresiones;
ahora dice que Dios, en Su amor y misericordia, nos ha dado
la vida en Jesucristo. ¿Qué quiere decir exactamente con eso?
Ya vimos que estaban implicadas tres cosas en estar muertos
en pecados y transgresiones. Jesús tiene algo que hacer con
cada una de estas cosas.

(i) Ya hemos visto que el pecado mata la inocencia. Ni
siquiera Jesús puede devolverle a una persona la inocencia que
ha perdido, porque ni siquiera Jesús puede atrasar el reloj; pero
lo que sí puede hacer Jesús, y lo hace, es librarnos del sentimiento de culpabilidad que conlleva necesariamente la pérdida
de la inocencia.

Lo primero que hace el pecado es producir un sentimiento de alejamiento de Dios. Cuando una persona se da cuenta de que ha pecado, se siente oprimida por un sentimiento de que no debe aventurarse a acercarse a Dios. Cuando Isaías tuvo la visión de Dios, su primera reacción fue decir: «¡Ay de mí, que estoy perdido! Porque soy un hombre de labios inmundos, y vivo entre personas que tienen los labios inmundos» *(Isaías 6:5).* Y cuando Pedro se dio cuenta de Quién era Jesús, su primera reacción fue: «¡Apártate de mí, porque yo soy un hombre pecador, oh Señor!» *(Lucas 5:8).*

Jesús empieza por quitar ese sentimiento de alejamiento. Él vino para decirnos que, estemos como estemos, tenemos la puerta abierta a la presencia de Dios. Supongamos que hubiera un hijo que hubiera hecho algo vergonzoso, y luego hubiera huido porque estaba seguro de que no tenía sentido volver a casa, porque la puerta estaría cerrada para él. Y entonces, supongamos que alguien le trae la noticia de que la puerta la tiene abierta, y le espera una bienvenida cálida en casa. ¡Qué diferentes haría las cosas esa noticia! Esa es la clase de noticia que nos ha traído Jesús. Él vino para quitar el sentimiento de alejamiento y de culpabilidad, diciéndonos que Dios nos quiere tal como somos.

(ii) Ya vimos que el pecado mata los ideales por los que viven las personas. Jesús despierta el ideal en el corazón humano.

Se cuenta de un maquinista negro que trabajaba en un transbordador de un río de América, que su embarcación era vieja, y el motor estaba descuidado y asqueroso. Este maquinista experimentó una auténtica conversión. Lo primero que hizo fue volver a su transbordador y limpiar la maquinaria hasta dejarla tan reluciente como un espejo. Uno de los pasajeros habituales comentó el cambio. «¿A qué te has dedicado?» —le dijo al maquinista. «¿Qué te ha hecho limpiar y sacarle brillo a tu vieja maquinaria?» «Señor —respondió el maquinista—, ahora tengo la gloria.» Eso es lo que Cristo hace por nosotros: nos da la gloria.

Se cuenta que en la congregación de Edimburgo que pastoreaba George Mattheson había una mujeruca que vivía en un sótano en unas condiciones de la mayor sordidez. Al cabo de algún tiempo de estar allí Matheson, estaba próximo el culto de comunión (que en Escocia se solía celebrar bastante de tarde en tarde), y un anciano fue a visitar a aquella mujer en su sótano; y descubrió que ya no estaba allí. Le siguió la pista, y la encontró en una guardilla pobre y sin lujos, pero tan bien iluminada y ventilada y limpia como oscuro y maloliente y sucio había estado el antiguo sótano. «Ya veo que ha cambiado usted de casa» —le dijo. «¡Pues claro que sí! —le contestó ella—. Una no puede oír predicar a George Matheson y vivir en un sótano asqueroso.» El mensaje cristiano había encendido de nuevo el ideal. Como dice un himno:

> *En el hondón del corazón humano*
> *pisoteados todos por el mal*
> *yacen los sentimientos enterrados*
> *y la gracia los viene a restaurar.*

La gracia de Jesucristo enciende de nuevo los ideales que habían extinguido las caídas sucesivas en pecado. Y al encenderse de nuevo, la vida se convierte otra vez en una escalada.

(iii) Por encima de otras cosas, Jesucristo aviva y restaura la voluntad perdida. Ya vimos que el efecto mortífero del pecado es que destruía lento pero seguro la voluntad de la persona, y que la indulgencia que había empezado por un placer se había convertido en una necesidad. Jesús crea otra vez la voluntad.

Eso es de hecho lo que hace siempre el amor. El resultado de un gran amor es siempre purificador. Cuando uno se enamora de veras, el amor le impulsa a la bondad. Su amor al ser amado es tan fuerte que quebranta su antiguo amor al pecado.

Eso es lo que Cristo hace por nosotros. Cuando Le amamos a Él, ese amor recrea y restaura nuestra voluntad hacia la bondad. Como dice el coro:

> *Cristo rompe las cadenas*
> *y nos da la libertad.*

LA OBRA Y LAS OBRAS DE LA GRACIA

Efesios 2:4-10 (conclusión)

Pablo cierra este pasaje con una gran exposición de aquella paradoja que siempre subyace en el corazón de esta visión del Evangelio. Esta paradoja tiene dos caras.

(i) Pablo insiste en que es por gracia como somos salvos. No hemos ganado la salvación ni la podríamos haber ganado de ninguna manera. Es una donación de Dios, y nosotros no tenemos que hacer más que aceptarla. El punto de vista de Pablo es innegablemente cierto. Y esto por dos razones.

(*a*) Dios es la suprema perfección; y por tanto, solo lo perfecto es suficientemente bueno para él. Los seres humanos, por naturaleza, no podemos añadir perfección a Dios; así que, si una persona ha de obtener el acceso a Dios, tendrá que ser siempre Dios el Que lo conceda, y la persona quien lo reciba.

(*b*) Dios es amor; el pecado es, por tanto, un crimen, no contra la ley, sino contra el amor. Ahora bien, es posible hacer reparación por haber quebrantado la ley, pero es imposible hacer reparación por haber quebrantado un corazón. Y el pecado no consiste tanto en quebrantar la ley de Dios como en quebrantar el corazón de Dios. Usemos una analogía cruda e imperfecta. Supongamos que un conductor descuidado mata a un niño. Es detenido, juzgado, declarado culpable, sentenciado a la cárcel por un tiempo y/o a una multa. Después de pagar la multa y salir de la cárcel, por lo que respecta a la ley, es asunto concluido. Pero es muy diferente en relación con la madre del niño que mató. Nunca podrá hacer compensación ante ella pasando un tiempo en la cárcel y pagando una multa. Lo único que podría restaurar su relación con ella sería un perdón gratuito por parte de ella. Así es como nos encontramos en relación con Dios. No es contra las leyes de Dios solo contra lo que hemos pecado, sino contra Su corazón. Y por tanto solo un acto de perdón gratuito de la gracia de Dios puede devolvernos a la debida relación con Él.

(ii) Esto quiere decir que las obras no tienen nada que ver con ganar la salvación. No es correcto ni posible apartarse de la enseñanza de Pablo aquí —y sin embargo es aquí donde se apartan algunos a menudo. Pablo pasa a decir que somos creados de nuevo por Dios para buenas obras. Aquí tenemos la paradoja paulina. Todas las buenas obras del mundo no pueden restaurar nuestra relación con Dios; pero algo muy serio le pasaría al Cristianismo si no produjera buenas obras.

No hay nada misterioso en esto. Se trata sencillamente de una ley inevitable del amor. Si alguien nos ama de veras, sabemos que no merecemos ni podemos merecer ese amor. Pero al mismo tiempo tenemos la profunda convicción de que debemos hacer todo lo posible para ser dignos de ese amor.

Así sucede en nuestra relación con Dios. Las buenas obras no pueden ganarnos nunca la salvación; pero habría algo que no funcionaría como es debido en nuestro cristianismo si la salvación no se manifestara en buenas obras. Como decía Lutero, recibimos la salvación por la fe sin aportar obras; pero la fe que salva va siempre seguida de obras. No es que nuestras buenas obras dejen a Dios en deuda con nosotros, y Le obliguen a concedernos la salvación; la verdad es más bien que el amor de Dios nos mueve a tratar de corresponder toda nuestra vida a ese amor esforzándonos por ser dignos de él.

Sabemos lo que Dios quiere que hagamos; nos ha preparado de antemano la clase de vida que quiere que vivamos, y nos lo ha dicho en Su Libro y por medio de Su Hijo. Nosotros no podemos ganarnos el amor de Dios; pero podemos y debemos mostrarle que Le estamos sinceramente agradecidos, tratando de todo corazón de vivir la clase de vida que produzca gozo al corazón de Dios.

A.C. Y D.C.

Efesios 2:11-22

Así que acordaos de que antes, por lo que se refiere a la descendencia humana, vosotros erais gentiles; los que blasonan de esa circuncisión que es una cosa física que se hace con las manos os llamaban incircuncisos. Acordaos de que entonces no teníais esperanza de un Mesías; erais extranjeros a la comunidad de Israel y ajenos a los pactos en los que se basaban las promesas de Dios; no teníais ninguna esperanza; vivíais en un mundo sin Dios. Pero, tal como ahora están las cosas, en virtud de lo que Jesucristo ha hecho, los que antes estabais lejos habéis sido acercados al precio de la sangre de Cristo. Porque es Él el Que ha hecho la paz entre nosotros; es Él el Que ha hecho de los judíos y los gentiles un solo pueblo, y el Que ha derribado la muralla intermedia de separación, y acabado con la enemistad al venir en la carne, y abolido la ley de los mandamientos con todos sus decretos. Esto lo hizo para formar con los dos una nueva humanidad haciendo la paz entre ellos para reconciliar a ambos con Dios en un solo cuerpo por medio de la Cruz, después de haber dado muerte por medio de lo que Él hizo a la enemistad que había entre ellos. Así es que vino a predicaros la paz a vosotros que estabais lejos, y a los que estábamos cerca; porque por medio de Él los dos tenemos derecho de acceso a la presencia del Padre, porque venimos en un solo Espíritu. Así que ya no sois extranjeros ni residentes forasteros en una tierra que no es la vuestra, sino compatriotas del pueblo consagrado a Dios y miembros de la familia de Dios. Habéis ido levantándoos como un edificio sobre la cimentación de los profetas y de los apóstoles; y la piedra angular es Cristo mismo. Todo el edificio que se está edificando está trabado en Él, y continuará creciendo *hasta que llegue a ser un templo santo del Señor, un templo de cuya edificación vosotros también formáis parte, para que lleguéis a ser la morada de Dios por obra del Espíritu.*

ANTES DE QUE VINIERA CRISTO

Efesios 2:11-12

Así que acordaos de que antes, por lo que se refiere a la descendencia humana, vosotros erais gentiles; los que blasonan de esa circuncisión que es una cosa física que se hace con las manos os llamaban incircuncisos. Acordaos de que entonces no teníais esperanza de un Mesías; erais extranjeros a la comunidad de Israel y ajenos a los pactos en los que se basaban las promesas de Dios; no teníais ninguna esperanza; vivíais en un mundo sin Dios.

Pablo habla de la condición de los gentiles antes de que Cristo viniera. Pablo era el apóstol de los gentiles, pero nunca olvidó el lugar exclusivo de los judíos en el designio y la revelación de Dios. Aquí está trazando el contraste entre la vida de los gentiles y la de los judíos.

(i) A los gentiles los llamaban «la incircuncisión» los que basaban sus derechos en esa circuncisión física y hecha por los hombres. Esta era la primera de las grandes diferencias. Los judíos sentían un inmenso desprecio hacia los gentiles. Algunos hasta decían que Dios había creado a los gentiles para usarlos como leña para los fuegos del infierno; que Dios no amaba nada más que a Israel de todas las naciones que había hecho; que como se debía aplastar la mejor de las serpientes había que matar al mejor de los gentiles. No era ni siquiera legal el prestar ayuda a una gentil en el momento del parto, porque eso no serviría nada más que para traer a otro gentil al mundo.

La barrera entre los judíos y los gentiles era absoluta. Si un judío se casaba con una gentil, se llevaba a cabo su funeral como si hubiera muerto. Tal contacto con un gentil era el equivalente de la muerte; hasta entrar en la casa de un gentil era contraer la impureza ritual. Antes de Cristo, la barrera estaba levantada; después de Cristo, se ha suprimido.

(ii) Los gentiles no esperaban ningún Mesías. La versión Reina-Valera traduce que estaban *sin Cristo*. Esa es una traducción perfectamente posible; pero la palabra *Jristós* no es un nombre propio en primer lugar, aunque ha llegado a serlo; es un adjetivo que quiere decir *el ungido*. A los reyes se los ungía cuando se los coronaba; así que *Jristós,* la traducción literal griega del hebreo *Mashiaj,* llegó a significar *El Ungido de Dios,* el Rey esperado a Quien Dios mandaría al mundo para vindicar lo que era Suyo, y para introducir la edad de oro. Aun en los días más amargos de su historia, los judíos nunca dudaron de que el Mesías vendría. Pero nos gentiles no tenían tal esperanza.

Veamos los resultados de esa diferencia. Para los judíos, la Historia siempre tenía una meta; independientemente de lo que fuera el presente, el futuro sería glorioso; el punto de vista judío de la Historia era esencialmente optimista. Por otra parte, la Historia no iba a ninguna parte para los gentiles. Para los estoicos era cíclica. Creían que se desarrollaba durante tres mil años, pasados los cuales se producía una conflagración en la que todo el universo se consumía en llamas; seguidamente, todo el proceso comenzaba de nuevo, y se repetían exactamente los mismos acontecimientos y las mismas personas. Para los gentiles, la Historia era una marcha que no iba a ninguna parte; para los judíos era una marcha hacia Dios. Para los gentiles, la vida no valía la pena; para los judíos era el camino a una vida mejor. Con la venida de Cristo, los gentiles entraron en ese nuevo punto de vista de la Historia según la cual uno está siempre de camino hacia Dios.

SIN AYUDA NI ESPERANZA

Efesios 2:11-12 (conclusión)

(iii) Los gentiles eran forasteros a la sociedad de Israel.
¿Qué quiere decir eso? El nombre que se le daba a Israel era
ho haguios laos, el pueblo *santo.* Ya hemos visto que el sentido
fundamental de *haguios* es *diferente.* ¿En qué sentido era diferente el pueblo de Israel de los otros pueblos? En el sentido
de que su único Rey era Dios. Otras naciones podían gober-
narse por democracia o aristocracia; Israel era una teocracia;
su gobernador era Dios. Después de las victorias de Gedeón,
se le acercó el pueblo y le ofreció el trono de Israel. La respuesta de Gedeón fue: «No seré señor sobre vosotros, ni lo será
mi hijo. EL SEÑOR será vuestro Señor» *(Génesis 8: 23).*
Cuando el salmista cantaba: «Te exaltaré, Dios mío y Rey mío»
(Salmo 145:1), eso era realmente lo que quería decir.

Ser israelita era ser miembro de la sociedad de Dios; era
tener una ciudadanía que era divina. Está claro que la vida sería completamente diferente de la de cualquier otra nación
que no fuera consciente de tal destino. Se dice que cuando
Pericles, el más grande de los atenienses, iba a dirigirse a la
asamblea de Atenas, solía decirse a sí mismo: «Pericles, recuerda que eres ateniense, y que hablas a los atenienses.» Para el
judío era posible decir: «Recuerda que eres un ciudadano de
Dios, y que estás hablando al pueblo de Dios.» No se podría
encontrar una conciencia semejante de grandeza en todo el
mundo.

(iv) Los gentiles eran ajenos a los pactos en los que se
basaban las promesas. ¿Qué quiere decir eso? Israel era por
encima de todo *el pueblo del pacto.* ¿Qué quiere decir eso? Los
judíos creían que Dios Se había dirigido a su nación con un
ofrecimiento especial: «Os tomaré como Mi pueblo y seré
vuestro Dios» *(Éxodo 6:7).* Esta relación del pacto implicaba,
no solo un privilegio, sino también una obligación. Conllevaba
la obediencia a la ley. *Éxodo 24:1-8* nos da una descripción

dramática de cómo aceptó el pacto y sus condiciones el pueblo judío: «Cumpliremos todos los mandamientos que EL SEÑOR nos ha dado» *(Éxodo 24:3,7).*

Si el designio de Dios tenía que desarrollarse, tendría que ser mediante una nación. El que Dios escogiera a Israel no fue por favoritismo, porque no fue una elección para un honor especial, sino para una responsabilidad especial. Pero hizo que los judíos fueran conscientes de ser el pueblo escogido de Dios. Pablo no podía olvidar, porque era un hecho histórico, que los judíos eran por encima de todo el instrumento en las manos de Dios.

(v) Los gentiles estaban sin esperanza y sin Dios. A menudo se habla de los griegos como el pueblo más luminoso de la Historia; pero había tal cosa como la melancolía griega. Acechando tras todas las circunstancias había una especie de desesperación esencial.

Esto era verdad aun en los remotos tiempos de Homero. En la *Ilíada* (6:146-149), Glauco y Diomedes se enfrentan en combate singular. Antes de iniciar la lucha, Diomedes quiso conocer el linaje de Glauco, que le replicó: «¿Por qué inquieres sobre mi generación? Tal como son las generaciones de las hojas son las generaciones humanas; las hojas que son, el viento las dispersa sobre la tierra, y el bosque florece y reverdece otra vez, cuando está próxima la estación primaveral; así las generaciones de los hombres, una brota y otra cesa.» Un griego podía decir:

Brotamos y florecemos como las hojas del árbol,
y nos ajamos y perecemos...

Pero no podía añadir triunfalmente:

Pero nada Te cambia a Ti.

Teognis podía escribir:

Yo me regocijo y disfruto de mi juventud; por largo tiempo yaceré bajo la tierra, privado de la vida, tan mudo como una piedra, y abandonaré la luz del Sol que he amado; aunque soy un buen hombre, entonces ya no veré nada más.

¡Regocíjate, alma mía, en tu juventud! Pronto ocuparán otros tu puesto en la vida, y yo seré tierra negra en la muerte.

No hay ningún mortal que sea feliz entre todos los que contempla el Sol desde su altura.

En los *Himnos homéricos,* la asamblea del Olimpo está encantada con las musas que cantan «de los dones inmortales de los dioses y los dolores de los humanos, con todo lo que soportan por la voluntad de los inmortales, viviendo sin sentido y sin ayuda, sin poder encontrar un remedio para la muerte, ni una defensa contra la vejez.»

En Sófocles encontramos algunos de los versos más preciosos y tristes de toda la Literatura.

La belleza de la juventud se aja, y la gloria de la virilidad se seca.

La fe muere, y la infidelidad florece como una planta;
y tampoco encontrarás nada nunca sobre las calles abiertas de los hombres,
o los lugares secretos del propio amor del corazón,
un único viento es seguro que los disperse para siempre.

Era verdad que los gentiles estaban sin esperanza, porque estaban sin Dios. Israel había tenido siempre la radiante esperanza en Dios, que brillaba clara e inextinguiblemente hasta en sus días más aciagos y terribles; pero los gentiles solamente conocían la desesperación en lo más íntimo de su corazón antes de que llegara Cristo a darles esperanza.

EL FINAL DE LAS BARRERAS

Efesios 2:13-18

Pero, tal como ahora están las cosas, en virtud de lo que Jesucristo ha hecho, los que antes estabais lejos habéis sido acercados al precio de la sangre de Cristo. Porque es Él el Que ha hecho la paz entre nosotros; es Él el Que ha hecho de los judíos y los gentiles un solo pueblo, y el Que ha derribado la muralla intermedia de separación, y acabado con la enemistad al venir en la carne, y abolido la ley de los mandamientos con todos sus decretos. Esto lo hizo para formar con los dos una nueva humanidad haciendo la paz entre ellos para reconciliar a ambos con Dios en un solo Cuerpo por medio de la Cruz, después de haber dado muerte por medio de lo que Él hizo a la enemistad que había entre ellos. Así es que vino a predicar la paz a vosotros que estabais lejos, y a los que estábamos cerca; porque por medio de Él los dos tenemos derecho de acceso a la presencia del Padre, porque venimos en un solo y mismo Espíritu.

Ya hemos visto que los judíos despreciaban y odiaban a los gentiles. Ahora Pablo usa dos ilustraciones que serían claras para los judíos, para mostrar cómo surge una nueva unidad.

Dice que los que estaban lejos han sido hechos cercanos. Isaías había oído decir a Dios: «Paz, paz para el que está lejos y para el que está cerca» *(Isaías 57:19)*. Cuando los rabinos hablaban de recibir a un converso en el judaísmo, decían que había sido *traído cerca*. Los escritores rabínicos judíos cuentan que una mujer gentil se dirigió a rabí Eliezer. Confesaba que era pecadora, y pedía ser admitida a la fe judía. «Rabí —le dijo ella—, tráeme cerca.» El rabino se negó: le cerró la puerta en la cara a la mujer. Pero en Cristo la puerta está abierta. Los que habían estado lejos de Dios eran traídos cerca, y la puerta no se le cerraba a ninguno.

Pablo usa una ilustración aún más gráfica. Dice que se ha suprimido la barrera intermedia de separación.

Esta es una figura tomada del templo. El recinto del templo consistía en una serie de atrios, cada uno un poco más elevado que el anterior, con el templo propiamente dicho en el patio más interior. En primer lugar se encontraba el Atrio de los Gentiles; luego, el Atrio de las Mujeres; después, el Atrio de los Israelitas; después, el Atrio de los Sacerdotes, y finalmente el Lugar Santo propiamente dicho.

Los gentiles no podían entrar nada más que al primero de esos atrios, entre el cual y el de las mujeres había un muro, o más bien una especie de celosía de mármol, hermosamente trabajada, en la que se encontraban a intervalos tabletas que anunciaban que si un gentil pasaba más al interior se exponía a la muerte inmediata. Josefo dice en su descripción del templo: «Cuando se pasaba de estos primeros claustros al segundo atrio del templo, había una partición todo alrededor hecha de piedra, de tres codos (metro y medio) de altura. Su construcción era muy elegante; sobre ella había pilares a distancias regulares entre sí, con carteles en los que se exponía la ley de la pureza, algunos en letras griegas y otros en romanas, de que ningún forastero podía entrar en el santuario. *(Las guerras de los judíos, 5, 5, 2)*. En otra descripción dice del segundo atrio del templo: «Este estaba rodeado de un muro de piedra a manera de partición con una inscripción que prohibía a todos los forasteros las entrada bajo pena de muerte» *(Antigüedades de los judíos, 15, 11, 5)*. En 1871 se descubrió una de esas tablas de prohibición, en la que se puede leer: «Que nadie de ninguna otra nación se acerque a la verja o a la barrera alrededor del Lugar Santo. Quienquiera que sea sorprendido haciéndolo responderá con su propia vida.»

Pablo conocía muy bien esa barrera. Cuando le arrestaron en Jerusalén se debió al hecho de que le acusaran falsamente de introducir a Trófimo, un gentil efesio, más allá de esa barrera del templo *(Hechos 21:28s)*. Así que el muro intermedio, con su barrera, excluía a los gentiles de la presencia de Dios.

LAS DISCRIMINACIONES
DE LA NATURALEZA HUMANA SIN CRISTO

Efesios 2:13-18 (continuación)

No se debe pensar que los judíos fueran el único pueblo que pusiera barreras y excluyera a otros. El mundo antiguo estaba lleno de barreras. Hubo un tiempo, más de cuatrocientos años antes del de Pablo, cuando Grecia estuvo en peligro de una invasión persa. Era la edad de oro de la ciudad-estado. Grecia estaba formada por ciudades famosas como Atenas, Tebas, Corinto y las demás. Y estuvo a punto de acabar en un desastre porque las ciudades se negaron a cooperar para enfrentarse al común enemigo. «El peligro estaba —escribía T. R. Glover— en cada generación en el mismo hecho de las ciudades aisladas, empeñadas en su independencia a toda costa.»

Cicerón pudo escribir mucho más tarde: «Como dicen los griegos, toda la humanidad se divide en dos partes: los griegos, y los bárbaros.» Los griegos llamaban *bárbaros* a todos los que no sabían griego; y los despreciaban y les ponían barreras. Cuando Aristóteles estaba discutiendo la bestialidad, decía: «Se encuentra de lo más frecuentemente entre los bárbaros.» Y por bárbaros quería decir simplemente los que no eran griegos. Habla de «las tribus remotas de bárbaros que pertenecen a la clase bestial.» La forma más vital de religión entre los griegos eran los misterios, de muchos de los cuales estaban excluidos los bárbaros. Livio escribe: «Los griegos mantienen una guerra sin cuartel contra los pueblos de otras razas, contra los bárbaros.» Platón decía que los bárbaros son «nuestros enemigos por naturaleza.»

Este problema de las barreras no se limita al mundo antiguo ni mucho menos. Rita Snowden cita dos dichos muy pertinentes. El padre Taylor de Boston solía decir: «En el mundo hay sitio para todos los pueblos que hay en él, pero no queda sitio para más barreras de esas que los separan.» Sir Philip Gibbs, en *La cruz de la paz,* escribía: «El problema de las barreras se ha convertido en uno de los más acuciantes que tiene que arrostrar el mundo. Hoy en día hay toda clase de vallas separatorias en zigzag que pasan por todas las razas y los pueblos del mundo. El progreso moderno ha convertido el mundo en una gran vecindad: Dios nos ha dado la tarea de convertirlo en una fraternidad. En estos días de muros divisorios de raza y clase y credo, nosotros tenemos que sacudir la Tierra otra vez con el mensaje del Cristo que nos incluye a todos, en Quien no hay ni siervos ni libres, ni judíos ni griegos, ni escitas ni bárbaros, sino que todos somos uno.»

El mundo antiguo tenía sus barreras. Lo mismo sucede en el nuestro. En cualquier sociedad sin Cristo no puede haber nada más que paredes intermedias de separación.

LA UNIDAD EN CRISTO

Efesios 2:13-18 (continuación)

Así que Pablo pasa a decir que en Cristo desaparecen esas barreras. ¿Cómo las ha echado abajo Cristo?

(i) Pablo dice de Jesús: «Él es nuestra paz.» ¿Qué quería decir con eso? Usemos una analogía humana. Supongamos que dos personas tienen una diferencia y acuden con ella a los tribunales; y los expertos en la ley redactan un documento que establece los derechos del caso, y piden a las dos partes contendientes que se pongan de acuerdo sobre esa base. Todas las posibilidades están en contra de que se resuelva así el problema, porque rara vez se consigue la paz por medio de documentos legales. Pero supongamos que alguien a quien aman las dos partes en conflicto se interpone, y les habla: entonces sí es posible la reconciliación. Cuando dos partes están en conflicto, la única manera en que pueden llegar a hacer las paces es mediante la intervención de alguien a quien aman los dos.

Eso es lo que Cristo ha hecho. *Él* es nuestra paz. Es en un común amor a Él como las personas llegan a amarse entre sí. Esa paz se ganó al precio de Su sangre, porque no hay nada que despierte el amor como la Cruz. La vista de esa Cruz despierta el amor a Cristo en los corazones de las personas de todas las naciones, y solamente cuando todos amen a Cristo se amarán entre sí. La paz no se produce mediante tratados y ligas. Sólo puede haber paz en Jesucristo.

(ii) Pablo dice que Jesucristo abolió la ley de los mandamientos con todos sus decretos. ¿Qué es lo que quería decir? Los judíos creían que una persona solo podía alcanzar la amistad de Dios guardando la ley judía. Esa ley se había desarrollado en miles y miles de mandamientos y decretos. Había que lavarse las manos de una cierta manera; había que limpiar los cacharros de una cierta manera; había página tras página acerca de lo que se podía y de lo que no se podía hacer en sábado; este y ese y aquel sacrificios se tenían que ofrecer en relación con esta y esa y aquella situaciones de la vida. Los únicos que pretendían cumplir plenamente la ley judía eran los fariseos, que no sumaban más que unos seis mil. Una religión basada en toda clase de reglas y normas acerca de los rituales y sacrificios y días santos no puede nunca llegar a ser una religión universal. Pero, como dijo Pablo en otro lugar: «Cristo es el fin de la ley» *(Romanos 10:4)*. Jesús acabó con el legalismo como principio de religión.

En su lugar Cristo puso el amor a Dios y a nuestros semejantes. Jesús vino a decirnos que no podemos ganar la aprobación de Dios guardando una ley ceremonial, sino que tenemos que aceptar el perdón y la comunión que Dios nos ofrece gratuitamente en Su misericordia. Una religión basada en el amor puede convertirse un seguida en una religión universal.

Rita Snowden cuenta una historia de la guerra. En Francia, algunos soldados y su sargento trajeron el cuerpo de un camarada muerto para enterrarle en un cementerio francés. El sacerdote les dijo amablemente que estaba obligado a preguntar si su camarada era un católico romano bautizado. Dijeron que no lo sabían. El sacerdote dijo entonces que lo sentía mucho, pero, en ese caso, no podía permitir que le enterraran en terreno sagrado. Así que los soldados se llevaron el cuerpo de su camarada entristecidos, y le enterraron al otro lado de la valla. Al día siguiente volvieron a ver si la tumba estaba bien; y, para su gran sorpresa, no la pudieron encontrar. Por mucho que buscaron no dieron con las señales de tierra removida. Ya estaban a punto de marcharse confusos, cuando se les acercó el sacerdote. Les dijo que había tenido el corazón inquieto por haberles negado el permiso de enterrar a su camarada muerto en su cementerio; así que, de madrugada, se había levantado y *había movido la valla* para incluir el cuerpo del soldado que había muerto por Francia. Eso es lo que el amor puede hacer. Las reglas y las normas ponen barreras; pero el amor las quita. Jesús removió las barreras entre las personas porque abolió toda religión fundada en reglas y normas, y trajo a las personas una religión cuyo fundamento es el amor.

LOS DONES DE LA UNIDAD EN CRISTO

Efesios 2:13-18 (conclusión)

Pablo pasa a hablar de los dones de valor incalculable que nos trae la unidad en Cristo.

(i) Él unió a judíos y gentiles en una nueva humanidad. En griego hay dos palabras para *nuevo*. Hay la palabra *néos,* que quiere decir sencillamente *nuevo* en relación con el tiempo. Una cosa que es *néos* ha empezado a existir hace poco, pero puede que hubiera antes en existencia millares de la misma cosa. Un lapicero que sale de una fábrica esta semana es *néos*, pero ya existían millones exactamente iguales. La otra palabra es *kainós,* que quiere decir *nuevo* en cuanto a su *cualidad.* Una cosa que es *kainós* es *nueva* en el sentido de que trae al mundo una nueva especie de cosa que no existía antes.

La palabra que usa Pablo aquí es *kainós;* dice que Jesús une a judíos y a gentiles, y produce con ellos una nueva clase de humanidad. Esto es muy interesante y muy significativo; no es que Jesús convierta a todos los judíos en gentiles, ni a todos los gentiles en judíos; produce de ambos una nueva especie de persona, aunque siguen siendo gentiles y judíos. Crisóstomo, el famoso predicador de la Iglesia Primitiva, dice que es como si uno fundiera una estatua de plata y otra de plomo, e hiciera de las dos una de oro.

Jesús no logra la unidad haciendo desaparecer todas las características raciales, sino haciendo hijos de Dios a todos los hombres y mujeres de todas las naciones. Bien puede ser que tengamos que aprender algo aquí. En muchos casos se han mandado misioneros a los países paganos para hacer que los de allí vivan como los del país que los manda. Hay algunas iglesias resultantes de la obra misionera que tienen la misma forma de culto de las iglesias madre. Sin embargo, no es el propósito de Jesús el que hagamos de toda la humanidad una sola nación, sino que haya cristianos africanos, e indios, y de todos los pueblos y razas, cuya unidad radique exclusivamente en su cristianismo. La unidad en Cristo es en Cristo y no en cambios externos.

(ii) Él reconcilió con Dios a los dos. La palabra que usa Pablo *(apokatallassein)* quiere decir hacer volver a la amistad a personas que han estado enemistadas. La obra de Cristo consiste en mostrar a todos que Dios es su amigo, y por tanto deben ser amigos los unos de los otros. La reconciliación con Dios conlleva y hace realidad la reconciliación entre los seres humanos.

(iii) Por medio de Jesús, tanto los judíos como los gentiles tenemos el derecho de acceso a Dios. La palabra que usa Pablo para *acceso* es *prosagôguê,* una palabra con muchos matices. Es la palabra que se usa para presentarle a Dios un sacrificio; para introducir a personas a la presencia de Dios para que se consagren a Su servicio; para presentar a un conferenciante o a un embajador a una asamblea; y, sobre todo, es la palabra

que se usa para introducir a una persona a la presencia del rey.
Había de hecho en la corte real persa un funcionario que se
llamaba el *prosagôgueus,* cuya función era introducir a las
personas que deseaban una audiencia personal con el rey. Es
una posibilidad que no tiene precio el tener el derecho de acudir
a cualquier persona amable y sabia y santa en cualquier momento; el tener el derecho de contar con su atención para
presentarle nuestros problemas, nuestra soledad y nuestro
dolor. Ese es exactamente el derecho que nos da Jesús en
relación con Dios.

La unidad en Cristo produce cristianos cuyo cristianismo
trasciende todas las diferencias locales y raciales; produce
personas que son amigas entre sí porque son amigas de Dios;
produce hombres que son uno porque se reúnen en la presencia
de Dios, a Quien todos tienen acceso.

LA FAMILIA Y LA MORADA DE DIOS

Efesios 2:19-22

> *Así es que ya no sois extranjeros ni residentes foras-*
> *teros en una tierra que no es la vuestra, sino compatrio-*
> *tas del pueblo consagrado a Dios y miembros de la*
> *familia de Dios. Es sobre el cimiento de los profetas y*
> *de los apóstoles sobre el que estáis edificados, y la*
> *Piedra angular es Jesucristo mismo. Todo el edificio que*
> *se está levantando tiene su trabazón en Él, y seguirá*
> *creciendo hasta que llegue a ser un templo santo del*
> *Señor, un templo de cuya edificación vosotros también*
> *formáis parte, para que lleguéis a ser la morada de Dios*
> *por obra del Espíritu.*

Pablo usa dos ilustraciones gráficas. Dice que los gentiles
ya no son extraños, sino miembros en plenitud de derechos de
la familia de Dios.

Pablo usa la palabra *xenos* para *extranjero*. En todas las· ciudades griegas había *xenoi* (plural), a los que no se les hacía la vida muy fácil que digamos. Uno escribía a su país de origen: «Lo mejor para uno es estar en su propia casa, sea como sea, en vez de en un país extraño.» Al extranjero se le miraba siempre con sospecha y desagrado. No tenemos más que fijarnos en lo que nos sugiere a nosotros la palabra *xenofobia, odio al extranjero,* y en sus manifestaciones actuales. Pablo usa la palabra *pároikos* para *forastero*. El *paroikos* estaba todavía más lejos de ser aceptado. Era un residente extranjero, uno que vivía en un lugar, pero que no se había nacionalizado; pagaba un impuesto por el privilegio de existir en una tierra que no era la suya. Tanto el *xenos* como el *pároikos* siempre eran marginados.

Así es que Pablo les dice a los gentiles: «Ya no estáis sin derechos en el pueblo de Dios; ahora sois miembros de la familia de Dios en plenitud de derechos.» Podemos decirlo todavía más sencillamente: por medio de Jesús estamos en casa con Dios.

A. B. Davidson nos cuenta que estaba de pensión en una ciudad extraña. Se sentía muy solo. Solía pasearse por las calles por la tarde. A veces, por una ventana sin visillos veía una familia reunida alrededor de la mesa o cerca de la chimenea; luego se corrían los visillos, y él se sentía solo y excluido. Eso es lo que no puede suceder en la familia de Dios. Y lo que no debería suceder nunca en la iglesia. Gracias a Jesús hay sitio en la familia de Dios para todo el mundo. Puede que el mundo y la gente levanten barreras; las iglesias puede que celebren la comunión exclusivamente para sus miembros; pero Dios no hace eso nunca. Lo malo es que la iglesia es a menudo exclusivista cuando Dios no lo es.

El segundo ejemplo que usa Pablo es el de un edificio. Ve cada iglesia como una parte de un gran edificio, y a cada cristiano como una piedra de esa iglesia. La Piedra angular de toda la Iglesia es Jesucristo; y la piedra angular es lo que le da unidad al conjunto.

Pablo ve que este edificio se sigue edificando, y que cada parte se va incorporando a Cristo. Figuraos una gran catedral: entre los cimientos puede que haya una cripta visigótica; alguna puerta o ventana será románica; otras, góticas, y otras partes serán de la época renacentista o barroca o aún más recientes. Se combinan toda clase de estilos; pero el edificio es una unidad, porque todo él se ha usado para dar culto a Dios y encontrarse con Jesucristo.

Eso es lo que debe ser la Iglesia. Su unidad no depende de la organización, ni del ritual, ni de la liturgia, sino de Cristo: *Ubi Christus, ibi Ecclesia,* Donde está Cristo, allí está la Iglesia. La Iglesia solo presentará su unidad cuando se dé cuenta de que no existe para propagar las ideas de un grupo de personas, sino para ofrecer un hogar en el que pueda morar el Espíritu de Cristo y en el que todas las personas que aman a Cristo se puedan reunir en ese Espíritu.

LA CÁRCEL Y LOS PRIVILEGIOS

Efesios 3:1-13

Para comprender el fluir del pensamiento de Pablo en este pasaje hay que advertir que los versículos 2-13 forman un largo paréntesis. *Por esta causa,* en el versículo 14, vuelve a retomar y reanudar el tema que inició en el versículo 1, *Por esta causa.* Se ha dicho que Pablo tenía la costumbre de «desviarse en una palabra.» Una sola palabra o idea podía hacer que el pensamiento se le fuera por la tangente. Cuando habla de sí mismo como «preso de Jesucristo,» eso le hace pensar en el amor universal de Dios, y en la parte que a él le corresponde de hacer llegar ese amor a los gentiles. En los versículos 2-13, el pensamiento sigue esa bifurcación, y en el versículo 14 vuelve a lo que quería decir antes.

Es por esta causa por lo que yo, Pablo, el preso de Jesucristo por amor a vosotros los gentiles —vosotros debéis de haber oído de la participación que Dios me ha concedido en la administración de Su gracia a vosotros, porque el secreto de Dios se me ha dado a conocer por revelación directa, como acabo de escribiros, y ahora podéis volver a leerlo si queréis saber lo que yo entiendo del significado de ese secreto que Cristo nos trajo; un secreto que no les fue revelado a los seres humanos de otras generaciones de la manera que ahora ha sido revelado a los que están consagrados como apóstoles y profetas Suyos por la obra del Espíritu. Este secreto es que los gentiles sois coherederos, miembros del mismo Cuerpo, copartícipes de la promesa de Jesucristo, por medio de la Buena Nueva de la que yo he sido hecho servidor mediante el don gratuito de la gracia de Dios que se me concedió según el obrar de Su poder. Ha sido a mí, que soy menos que el menor de todos los que están consagrados a Dios, a quien se ha concedido este privilegio: el de predicaros a los gentiles las riquezas de Cristo, toda la historia de la que ningún ser humano puede hablar nunca; los privilegios de iluminar a todas las personas en cuanto a lo que es el significado de ese secreto, que ha estado oculto desde toda eternidad en el Dios que creó todas las cosas. Se ha mantenido secreto hasta ahora a fin de que la polícroma sabiduría de Dios sea ahora dada a conocer por medio de la Iglesia a los gobernadores y poderes de los lugares celestiales; y todo esto sucedió y sucederá de acuerdo con el designio eterno que Dios Se ha propuesto en Jesucristo, por medio de Quién tenemos derecho de acceso gratuito y confiado a Dios por medio de la fe en Jesucristo. Por tanto, os pido que no os desaniméis al considerar mis aflicciones por vuestra causa; porque estas aflicciones son vuestra gloria.

EL GRAN DESCUBRIMIENTO

Efesios 3:1-7

Es por esta causa por lo que yo, Pablo, preso de Jesucristo por amor a vosotros los gentiles —vosotros debéis de haber oído de la participación que Dios me ha concedido en la administración de Su gracia a vosotros, porque el secreto de Dios se me ha dado a conocer por revelación directa, como acabo de escribiros, y ahora podéis volver a leerlo si queréis saber lo que yo entiendo del significado de ese secreto que Cristo nos trajo; un secreto que no les fue revelado a los de otras generaciones de la manera que ahora ha sido revelado a los que están consagrados como apóstoles y profetas Suyos por la obra del Espíritu. Este secreto es que los gentiles sois coherederos, miembros del mismo Cuerpo, copartícipes de la promesa de Jesucristo, por medio de la Buena Nueva de la que yo he sido hecho servidor mediante el don gratuito de la gracia de Dios que se me concedió según el obrar de Su poder.

Cuando Pablo estaba escribiendo esta carta se encontraba en la cárcel en Roma, esperando que le juzgara Nerón, cuando sus acusadores judíos llegaran con sus rostros hoscos y su odio envenenado y sus acusaciones maliciosas. En la cárcel, Pablo tenía algunos privilegios, porque se le permitía residir en una casa que él mismo había alquilado, y en la que podía recibir a sus amigos. Pero seguía estando preso noche y día, encadenado a la muñeca de un soldado romano, que estaba de guardia y cuya misión era asegurarse de que Pablo no se escapara.

En estas circunstancias, Pablo se llama «prisionero de Jesucristo.» Aquí tenemos otro ejemplo gráfico del hecho de que el cristiano siempre tiene una doble vida y unas señas dobles. Cualquier persona corriente habría dicho que Pablo era «preso del gobierno romano,» y sería verdad. Pero Pablo nunca se consideró preso de Roma; siempre se veía como «prisionero de Jesucristo.»

El punto de vista de cada uno es lo que produce las mayores diferencias del mundo. Se cuenta que, cuando Sir Christopher Wren estaba edificando la Catedral de San Pablo de Londres, en una ocasión estaba pasando revista a la obra. Llegó adonde estaba un obrero trabajando, y le preguntó: «¿Qué es lo que estás haciendo tú?» El hombre contestó: «Estoy cortando esta piedra para que tenga un cierto tamaño y una cierta forma.» Llegó adonde estaba otro, y le hizo la misma pregunta. El hombre le contestó: «Estoy ganándome el sueldo en este trabajo.» Cuando le hizo la misma pregunta al tercero, el obrero estuvo callado un instante, se irguió y contestó: «Estoy ayudando a Sir Christopher Wren a construir la Catedral de San Pablo.»

Si uno está en la cárcel por alguna causa noble, puede que se lamente de los malos tratos, o puede que se considere honrado por ser el abanderado de una gran causa. El primero considera la cárcel como un castigo; el segundo, como un privilegio. Cuando estamos pasando adversidades, impopularidad y perjuicios materiales por causa de los principios cristianos, puede que nos consideremos, o víctimas de la sociedad, o campeones de Cristo. Pablo es nuestro ejemplo; él no se consideraba prisionero de Nerón, sino de Cristo.

En esta sección, Pablo vuelve a la idea que se encuentra en el mismo corazón de esta carta. Había venido a su vida la revelación del gran secreto de Dios. Y ese secreto era que el amor y la misericordia y la gracia de Dios no tenían por objeto exclusivamente a los judíos, sino que eran para toda la humanidad. Cuando Pablo se encontró con Cristo en la carretera de Damasco, le vino un relámpago repentino de revelación. Era a los gentiles a los que Dios le enviaba: «Para que abras sus ojos, para que se conviertan de las tinieblas a la luz y de la potestad de Satanás a Dios; para que reciban, por la fe que es en Mí, perdón de pecados y herencia entre los santificados» *(Hechos 26:18).*

Esto fue un descubrimiento totalmente nuevo. El pecado original de todo el mundo antiguo era el desprecio. Los judíos despreciaban a los gentiles como si no tuvieran ningún valor para Dios. En el peor de los casos existían solamente para ser aniquilados: «Porque la nación o el reino que no quiera servirte, perecerá; del todo será asolado» *(Isaías 60:12)*. En el mejor de los casos existían para ser los esclavos de Israel: «El trabajo de Egipto, las mercaderías de Etiopía y los sabeos, hombres de elevada estatura, se pasarán a ti y serán tuyos; irán en pos de ti, pasarán encadenados, te harán reverencia y te suplicarán...» *(Isaías 45:14)*.

Para mentalidades que pudieran pensar eso era increíble el que la gracia y la gloria de Dios fueran para los gentiles. Los griegos despreciaban a los bárbaros —y para los griegos todos los demás pueblos eran bárbaros. Como dijo Celso cuando estaba atacando a los cristianos: «Los bárbaros puede que tengan algún don para descubrir la verdad, pero hay que ser griego para entenderla.»

Este desprecio racial no desapareció con el mundo antiguo. Ni es cosa del pasado en la sociedad contemporánea.

Ya en el mundo antiguo existían barreras infranqueables. Nadie había soñado jamás que los favores de Dios fueran para todos los pueblos. Fue Pablo el que hizo el descubrimiento. Por eso es Pablo tan tremendamente importante: porque, si no hubiera existido, es posible que no habría habido una cristiandad universal, y que nosotros no seríamos cristianos hoy.

LA AUTOCONSCIENCIA DE PABLO

Efesios 3:1-7 (conclusión)

Cuando Pablo pensaba en este secreto que se le había revelado, se veía a sí mismo de ciertas maneras.

(i) Se consideraba a sí mismo como el receptor de una nueva revelación. Pablo no consideró nunca que había sido él el que

había *descubierto* el amor universal de Dios; creía que Dios
se lo había *revelado.* En cierto sentido, la verdad y la belleza
siempre nos las da Dios.

Se cuenta que una vez estaba Sir Arthur Sullivan en la
representación de su *H. M. S. Pinafore.* Cuando oyó cantar el
maravilloso dúo *«Ah! Leave me not to pine alone* —¡Ah! *No
me dejes anhelar a solas»*—, Sullivan se volvió hacia un amigo
que estaba a su lado, y le dijo conmovido: «¿Es verdad que
he escrito eso yo?»

Uno de los grandes ejemplos de musicalidad poética es
Kubla Khan, de Coleridge. Se quedó dormido leyendo un libro,
en el que se encontraban estas palabras: «Aquí Kubla Khan
mandó construir un palacio con un regio jardín alrededor.»
Coleridge soñó el poema, y cuando se despertó no tuvo más
que escribirlo.

Cuando los hombres de ciencia hacen un gran descubrimiento, muchas veces han estado mucho tiempo pensando y
experimentando; y, cuando parece que han llegado a un calle-
jón sin salida, de pronto se les enciende la bombilla y ven
claramente la solución. Es algo que les es dado —por Dios.

Pablo no habría pretendido nunca ser el primer hombre que
había descubierto la universalidad del amor de Dios; habría
dicho que Dios le dijo a él el secreto que no le había revelado
antes a ningún otro.

(ii) Pablo se consideraba transmisor de la gracia. Cuando
se reunió con los responsables de la Iglesia para hablar de su
misión a los gentiles, les dijo que el Evangelio de la
incircuncisión se le había confiado a él, y que «a él se le había
dado esa gracia» *(Gálatas 2: 7,9).* Cuando escribe a los cristianos romanos, habla de «la gracia que me ha sido dada por Dios»
(Romanos 15:15). Pablo veía su tarea como la de ser un canal
de la gracia de Dios a los hombres. Uno de los grandes hechos
de la vida cristiana es que se nos han dado las cosas preciosas
del Evangelio para que las compartamos con otros. Una de las
grandes advertencias de la vida cristiana es que, si nos las
guardamos para nosotros mismos, las perdemos.

(iii) Él se consideraba poseedor de la dignidad del servicio. Pablo dice que el don gratuito de la gracia de Dios le hizo servidor. No creía que su servicio era un deber oneroso que se le había impuesto, sino un privilegio radiante. A menudo resulta sorprendentemente difícil convencer a la gente a que sirva en la iglesia. Enseñar para Dios, cantar para Dios, llevar la administración para Dios, hablar para Dios, visitar a los enfermos y a los solitarios para Dios, dar de nuestro tiempo y talentos y dinero para Dios, no se debería considerar una obligación que se nos imponía, sino un privilegio que deberíamos estar contentos de aceptar.

(iv) Pablo se consideraba a sí mismo como alguien que sufría por Cristo. No esperaba que el camino del servicio fuera fácil; no esperaba que el camino de la lealtad estuviera libre de obstáculos. Unamuno, el gran místico español, solía decir: «Y Dios no te dé paz, y sí gloria.» F. R. Maltby solía decir que Jesús prometió a Sus discípulos tres cosas: «Que serían absurdamente felices; que serían totalmente intrépidos, y que siempre se encontrarían en líos.» Cuando los caballeros andantes llegaban a la corte del rey Arturo y a la compañía de la Mesa Redonda, pedían que se les permitiera arrostrar peligros y conquistar dragones. El sufrir por Cristo no es un castigo, sino nuestra gloria; porque es compartir los padecimientos de Cristo mismo, y una oportunidad de demostrar que nuestra lealtad es real.

EL PRIVILEGIO QUE NOS HACE HUMILDES

Efesios 3:8-13

Ha sido a mí, que soy menos que el menor de todos los que están consagrados a Dios, a quien se ha concedido este privilegio: el de predicaros a los gentiles las riquezas de Cristo, toda la historia de la que ningún ser humano puede hablar nunca; los privilegios de iluminar a todas las personas en cuanto a lo que es el significado

de ese secreto, que ha estado oculto desde toda eterni-
dad en el Dios que creó todas las cosas. Se ha mantenido
secreto hasta ahora a fin de que la polícroma sabidu-
ría de Dios sea dada a conocer ahora por medio de la
Iglesia a los gobernadores y poderes de los lugares
celestiales; y todo esto sucedió y sucederá de acuerdo
con el designio eterno que Dios Se ha propuesto en
Jesucristo, por medio de Quien tenemos derecho de
acceso gratuito y confiado a Dios por medio de la fe en
Jesucristo. Por tanto, os pido que no os desaniméis al
considerar mis aflicciones por vuestra causa; porque
son vuestra gloria.

Pablo se veía como un hombre al que se le había concedido un doble privilegio. Se le había concedido el privilegio de descubrir el secreto de que era la voluntad de Dios el que toda la humanidad estuviera reunida en Su amor. Y se le había concedido el privilegio de darle a conocer este secreto a la Iglesia, y de ser el instrumento para que la gracia de Dios llegara a los gentiles. Pero esa conciencia de privilegio no le hacía a Pablo orgulloso; le hacía intensamente humilde. Él se maravillaba de que este gran privilegio se le hubiera concedido a él, que, según él veía las cosas, era menos que el menor de todo el pueblo de Dios.

Si alguna vez se nos concede el privilegio de predicar o de enseñar el mensaje del amor de Dios o de hacer algo por Jesucristo, debemos recordar siempre que la grandeza no depende de nosotros, sino de nuestra tarea y mensaje. Toscanini fue uno de los más grandes directores de orquesta del mundo. Una vez, cuando estaba hablando con la orquesta que estaba preparando para tocar con él una de las sinfonías de Beethoven, dijo: «Caballeros, yo no soy nada; ustedes no son nada; Beethoven lo es todo.» Sabía muy bien que su misión no era atraer la atención de la audiencia a sí mismo o a su orquesta, sino borrarse él y borrar la orquesta para que Beethoven se mostrara en toda su grandeza.

Leslie Weatherhead nos cuenta una conversación que tuvo con un escolar que había decidido consagrarse al ministerio de la Iglesia. Le preguntó cuándo había hecho esa decisión, y el muchacho le dijo que después de un culto que se celebró en la capilla de la escuela. Weatherhead, naturalmente, le preguntó quién había sido el predicador, y el muchacho le contestó que no tenía ni la menor idea; lo único que sabía era que Jesucristo le había hablado aquella mañana. Esa había sido una predicación auténtica. Lo trágico es que haya quienes se preocupen más de su propio prestigio que del prestigio de Jesucristo, y que tengan más interés en que se fije la gente en ellos que en que los demás conozcan a Jesucristo.

EL PLAN Y LA SABIDURÍA DE DIOS

Efesios 3:8-13 (conclusión)

(i) Pablo nos recuerda que la reunión de toda la humanidad era parte del propósito eterno de Dios. Eso es algo que haremos bien en recordar. Algunas veces la historia del Cristianismo se presenta de tal manera que parece que el Evangelio se les predicó a los gentiles solamente porque los judíos no lo quisieron recibir. Pablo nos recuerda aquí que la salvación de los gentiles no es un añadido en el plan de Dios; el reunir a toda la humanidad en Su amor era parte del propósito eterno de Dios.

(ii) Pablo usa una gran palabra para describir la gracia de Dios. La llama *polypoíkilos,* que quiere decir *de muchos colores.* La idea que subyace en esta palabra es que la gracia de Dios es idónea y suficiente para cualquier situación de la vida. No hay nada de luz o de oscuridad, de brillo o de sombra para lo que no sea triunfalmente suficiente.

(iii) De nuevo Pablo vuelve a uno de sus pensamientos favoritos. En Jesús tenemos libre acceso a Dios. A veces sucede que un amigo nuestro conoce a alguna persona muy importante.

Nosotros mismos nunca habríamos tenido posibilidad de entrar en contacto con tal persona; pero podemos establecerlo por medio de nuestro amigo. Eso es lo que Jesús hace por nosotros en relación con Dios. En Su compañía tenemos una puerta abierta a la presencia de Dios.

(iv) Pablo acaba con una oración para que sus amigos no se desanimen por el hecho de que él esté preso. Podrían creer que la predicación del Evangelio a los gentiles se encontraría con grandes dificultades porque su campeón estaba en la cárcel. Pablo les recuerda que las aflicciones por las que está pasando son para el bien de ellos.

LA SINCERA ORACIÓN DE PABLO

Efesios 3:14-21

Es por esta causa por lo que me pongo de rodillas en oración ante el Padre, de Cuya paternalidad es reflejo toda cualidad paterna tanto celestial como terrenal, para que os conceda de las riquezas de Su gloria para que seáis fortalecidos en vuestro ser interior a fin de que Cristo pueda fijar Su residencia en vuestros corazones por medio de la fe. Pido a Dios que vuestras raíces y vuestros cimientos estén bien hondos en el amor, para que, con todo el pueblo consagrado a Dios, tengáis la necesaria vitalidad para captar plenamente el sentido de la anchura y la longitud y la profundidad y la altura del amor de Cristo, y experimentar el amor de Cristo, que es algo que sobrepasa todo conocimiento, para que os llenéis hasta el punto de alcanzar la plenitud de Dios mismo.

A Aquel que es capaz de obrar con generosidad incalculable, muy por encima de todo lo que podamos pedir o imaginar, según el poder que obra en nosotros, a Él sea la gloria en la Iglesia y en Jesucristo por todas las generaciones del siempre jamás.

EL DIOS QUE ES PADRE

Efesios 3:14-17

> *Es por esta causa por lo que me pongo de rodillas*
> *en oración ante el Padre, de Cuya paternalidad es re-*
> *flejo toda cualidad paterna tanto celestial como terre-*
> *nal, para que os conceda de las riquezas de Su gloria*
> *para que seáis fortalecidos en vuestro ser interior a fin*
> *de que Cristo pueda fijar Su residencia en vuestros*
> *corazones por medio de la fe.*

Es aquí donde Pablo reanuda la frase que había empezado en el versículo 1, cuando se desvió por otro camino. *Es por esta causa,* empieza Pablo. ¿Cuál es la causa que le hace orar? De nuevo nos encontramos con la idea fundamental de la carta. Pablo ha trazado su gran cuadro de la Iglesia. Este mundo es un caos desintegrado; hay división por todas partes: entre nación y nación, entre hombre y hombre, dentro de la vida interior de cada persona. El designio de Dios es que todos los elementos discordantes se reúnan en uno en Jesucristo. Pero eso no se puede lograr a menos que la Iglesia proclame el mensaje de Cristo y del amor de Dios a todo el mundo. Por esta causa es por lo que Pablo ora. Estaba pidiéndole a Dios que los que están dentro de la Iglesia sean tales que toda la Iglesia sea el Cuerpo de Cristo.

Debemos fijarnos en las palabras que Pablo usa para describir su actitud en la oración. «Me pongo de rodillas —dice— en oración a Dios.» Eso no quiere decir simplemente que se arrodilla; quiere decir que se postra. La postura normal para la oración entre los judíos era de pie, con los brazos extendidos y las palmas de las manos hacia arriba. La oración de Pablo por la Iglesia es tan intensa que él se postra delante de Dios en una agonía de súplica.

Dirige su oración a Dios, el Padre. Es interesante fijarnos en las varias cosas que dice Pablo en esta carta acerca de Dios como Padre, porque de ellas sacamos una idea más clara de lo que tenía en mente cuando hablaba de la paternalidad de Dios.

(i) Dios es el Padre de Jesús (1:2s, 17; 6:23). No es verdad decir que Jesús fue la primera Persona que llamó Padre a Dios. Los griegos llamaban a Zeus el padre de los dioses y de los hombres; los romanos llamaban a su dios principal Júpiter, que quiere decir *deus pater, dios el padre.* Pero hay dos palabras íntimamente relacionadas que tienen un cierto parecido y sin embargo difieren claramente en significado.

Está la palabra *paternidad,* que se refiere a la condición de padre en el sentido puramente físico. Se puede aplicar a un hombre que ni siquiera ha visto nunca a su hijo.

Por otra parte tenemos la palabra *paternalidad.* Esta describe la entrañable relación de amor y confianza y cuidado. Cuando se usaba la palabra *padre* refiriéndose a un dios antes que viniera Jesús, se usaba con el sentido de paternidad. Se quería decir que los dioses eran responsables de la creación de la humanidad. No había en la palabra nada del amor ni de la intimidad que Jesús puso en ella. El corazón de la concepción cristiana de Dios es que es como Jesús; tan amante, tan misericordioso como Jesús. Siempre fue en Su relación con Jesús como Pablo pensó en Dios.

(ii) Dios es el Padre al que tenemos acceso (2:18; 3:12). La esencia del Antiguo Testamento es que Dios es Alguien al Que estaba prohibido el acceso. Cuando Manoa, que había de ser el padre de Sansón, se dio cuenta de Quién había sido el Que le había visitado, dijo: «¡Vamos a morir sin remedio, porque hemos visto a Dios!» *(Jueces 13:22).* En el culto judío del templo, el Lugar Santísimo se consideraba la morada de Dios, en la que solo el sumo sacerdote podía entrar, y eso solamente una vez al año, el Día de la Expiación.

H. L. Gee cuenta la historia de un chiquillo cuyo padre ascendió al grado más alto del ejército. Cuando el chiquillo se enteró, se quedó callado un momento, y luego dijo: «¿Le molestará que yo le siga llamando Papá?» La esencia de la fe cristiana es el acceso ilimitado a la presencia de Dios.

(iii) Dios es el Padre de la gloria, el Padre glorioso (1:17). Aquí tenemos la otra cara de la moneda. Si habláramos solamente de la accesibilidad del amor de Dios, sería fácil caer en la sensiblería; pero la fe cristiana se goza en la maravilla de la accesibilidad de Dios, sin olvidar jamás Su santidad y Su gloria. Dios recibe al pecador, pero no para que trafique con Su amor permaneciendo en el pecado. Dios es santo, y los que buscan Su amistad deben serlo también.

(iv) Dios es el Padre de todos (4:6). Ninguna persona, ni iglesia, ni nación tiene la exclusiva en la relación filial con Dios. Ese fue el error que cometieron los judíos. La paternalidad de Dios abarca a toda la humanidad, y eso quiere decir que debemos respetar y amar a todos los seres humanos.

(v) Dios es el Padre a Quien Se deben dar gracias (5:20). La paternalidad de Dios implica la deuda humana. Es una equivocación creer que Dios no nos ayuda nada más que en situaciones extraordinarias. Como Dios prodiga Sus dones tan regularmente, se nos pasan desapercibidos. El cristiano no debe olvidar nunca que Le debe a Dios, no solamente la salvación de su alma, sino también la vida y el aliento y todas las cosas.

(vi) Dios es el dechado de toda verdadera paternalidad. Eso impone una tremenda responsabilidad a todos los padres humanos. G. K. Chesterton recordaba a su padre muy vagamente, pero sus memorias eran preciosas. Nos dice que, en su niñez, tenía un teatrillo de juguete con todos los personajes de cartón. Uno de ellos era un hombre que tenía una llave de oro. Él no se acordaba nunca de a quién representaba el hombre de la llave de oro, pero en su imaginación siempre le relacionaba con su padre: un hombre con una llave de oro que abría la puerta a toda clase de cosas maravillosas.

Enseñamos a nuestros hijos a llamar a Dios Padre, y la única idea que van a formarse de la paternalidad de Dios es la que vean en nosotros. La paternalidad humana debe modelarse sobre la paternalidad de Dios.

LA FORTALEZA QUE VIENE DE CRISTO

Efesios 3:14-17 (conclusión)

Pablo Le pide a Dios en oración que su pueblo sea fortalecido *en el ser interior.* ¿Qué quería decir? *El ser interior* era una frase por la que los griegos entendían tres cosas.

(i) *La inteligencia* de una persona. Pablo oraba para que Jesucristo fortaleciera la inteligencia de sus amigos. Quería que estuvieran mejor capacitados para discernir entre lo erróneo y lo cierto. Quería que Cristo les diera la sabiduría que les era necesaria para mantener su vida pura y a salvo.

(ii) *La conciencia.* Pablo pedía en oración que se hiciera más sensible la conciencia de su pueblo. A veces no se tiene en cuenta la conciencia, y se le deja perder sensibilidad. Pablo pedía en oración que Jesús mantuviera nuestras conciencias tiernas y alerta.

(iii) *La voluntad.* Muchas veces sabemos lo que es correcto, y tenemos intención de seguirlo; pero nuestra voluntad no es suficientemente fuerte para respaldar nuestro conocimiento y poner en práctica nuestras intenciones.

> *Dame, Señor, la firme voluntad...*
> *compañera y sostén de la virtud,*
> *la que sabe en el puerto hallar quietud*
> *y en medio de las olas caridad,*
> *la que trueca en tesón la veleidad*
> *y el ocio en perennal solicitud,*
> *y las ásperas fiebres en salud*
> *y los torpes engaños en verdad!*
> *Y así conseguirá mi corazón*
> *que los favores que a Tu amor debí*
> *Te ofrezcan algún fruto en galardón...*
> *y aun Tú, Señor conseguirás así*
> *que no llegue a romper mi confusión*
> *la imagen Tuya que pusiste en mí.*

(Adelardo López de Ayala, *Plegaria*)

El ser interior es la inteligencia, la conciencia y la voluntad. El fortalecimiento del ser interior viene cuando Cristo fija Su residencia permanente en el interior de una persona. La palabra que usa Pablo para el *morar* de Cristo en nuestros corazones es en griego *katoikeîn,* que es la que se usa para una residencia permanente, distinta de la temporal.

El secreto de la fortaleza de los cristianos está en la presencia de Cristo en lo más íntimo de nuestra vida. Cristo está dispuesto a venir a la vida de una persona —pero no contra su voluntad. Espera nuestra invitación para venir a traernos Su fuerza.

EL AMOR INFINITO DE CRISTO

Efesios 3:18-21

Pido a Dios que vuestras raíces y vuestros cimientos estén bien hondos en el amor, para que, con todo el pueblo consagrado a Dios, tengáis la necesaria vitalidad para captar plenamente el sentido de la anchura y la longitud y la profundidad y la altura del amor de Cristo, y experimentar el amor de Cristo, que es algo que sobrepasa todo conocimiento, para que os llenéis hasta el punto de alcanzar la plenitud de Dios mismo.

A Aquel que es capaz de obrar con generosidad incalculable, muy por encima de todo lo que podamos pedir o imaginar, según el poder que obra en nosotros, a Él sea la gloria en la Iglesia y en Jesucristo por todas las generaciones del siempre jamás.

Pablo Le pide a Dios en oración que el cristiano sea capaz de captar el significado de la anchura, la profundidad, la longitud y la altura del amor de Cristo. Es como si Pablo nos invitara a mirar al universo —al cielo infinito sobre nosotros, a los horizontes ilimitados a cada lado, a la profundidad de la tierra y de los mares por debajo de nosotros, y dijera: «El amor de Cristo es tan inmenso como todo eso.»

No es probable que Pablo tuviera en su mente ningún pensamiento distinto de la indudable magnitud del amor de Cristo. Pero muchos han tomado esta expresión, y han leído en ella significados, algunos de ellos muy hermosos. Un comentarista antiguo ve la Cruz como el símbolo de este amor. La parte superior de la Cruz señala hacia arriba; el mismo poste vertical señala hacia abajo, y los brazos señalan al horizonte lejano a cada lado. Jerónimo dijo que el amor de Cristo alcanza a incluir a los santos ángeles; que llega hasta abajo para incluir a los malos espíritus del infierno; que en su longitud abarca a los hombres que se esfuerzan por elevarse, y en su anchura cubre a las personas que vagan cada vez más lejos de Él.

Si queremos desarrollar este punto, podemos decir que en *su anchura,* el amor de Cristo incluye a todas las personas de cualquier clase, edad y mundo; en su *longitud,* el amor de Cristo estuvo dispuesto a llegar hasta la Cruz; en su *profundidad,* descendió hasta la experiencia de la muerte; en su *altura,* nos sigue amando en el Cielo, donde Él está intercediendo constantemente por nosotros *(Hebreos 7:25).* Ninguna persona queda excluida del amor de Cristo; ningún lugar está fuera de su alcance.

Entonces Pablo vuelve otra vez al pensamiento dominante de esta epístola. ¿Dónde se puede experimentar ese amor? Lo experimentamos *con todo el pueblo consagrado a Dios;* es decir: lo encontramos en la comunión de la Iglesia. Lo que dijo John Wesley es verdad: «Dios no sabe nada de una religión solitaria.» «Ninguna persona —dijo— fue nunca al Cielo en solitario.» La Iglesia puede tener sus faltas; sus miembros pueden estar muy lejos de como deberían ser; pero en la comunión de la Iglesia encontramos el amor de Dios.

Pablo termina con una doxología y con una alabanza. Dios puede hacer por nosotros mucho más de lo que soñamos, y lo hace por nosotros en la Iglesia y en Cristo.

Una vez más, antes de salirnos de este capítulo, pensemos en la descripción gloriosa que hace Pablo de la Iglesia. Este mundo no es como es debido; está desgarrado por fuerzas opuestas, como por odios y luchas. Unas naciones contra otras, unas personas contra otras, unas clases contra otras. Dentro de cada persona se mantiene una lucha entre el bien y el mal. El designio de Dios es que todas las personas y las naciones lleguen a estar unidas en Cristo. Para llegar a alcanzar esta meta, Cristo necesita que la Iglesia vaya a hablarle a todo el mundo de Su amor y Su misericordia. Y la Iglesia no podrá hacerlo a menos que sus miembros, unidos entrañablemente en comunión, experimenten el amor ilimitado de Cristo.

EFESIOS 4

Con este capítulo empieza la segunda parte de esta carta. En los primeros tres capítulos, Pablo ha tratado de las grandes y eternas verdades de la fe cristiana, y de la misión de la Iglesia en el plan de Dios. Ahora empieza a tratar de cómo debe ser cada miembro de la Iglesia para que esta lleve a cabo su parte en este plan.

Antes de empezar este capítulo, recordemos una vez más que el pensamiento central de la carta es que Jesús ha traído un camino, el camino de la unidad al mundo desunido. Este camino es por medio de la fe en Él, y es la misión de la Iglesia el proclamarle este mensaje a todo el mundo. Y ahora Pablo vuelve al pensamiento del carácter que debe tener el cristiano si la Iglesia ha de cumplir su gran tarea de ser el instrumento de la reconciliación universal de Cristo entre hombre y hombre y del hombre con Dios en el mundo.

FIELES A NUESTRA VOCACIÓN

Efesios 4:1-10

Así es que yo, el prisionero del Señor, os insisto en que os comportéis de una manera que sea digna de la vocación que habéis recibido. Os exhorto a que os conduzcáis con toda humildad, y amabilidad, y paciencia. Os exhorto a que os soportéis unos a otros con amor. Os exhorto encarecidamente a que conservéis esa unidad que el Espíritu Santo puede producir, uniendo las cosas en paz. Hay un solo Cuerpo y un solo Espíritu, de la misma manera que habéis sido llamados con una sola y misma esperanza de vuestra vocación. No hay más que un solo Señor, una sola fe, un solo bautismo, un solo Dios y Padre de todos, Que está por encima de todos y a través de todos y en todos. A cada uno de vosotros se le ha dado la gracia según la medida del don gratuito de Cristo. Por eso dice la Escritura: «Ascendió a las alturas, y llevó a Sus cautivos consigo, y dio dones a los hombres.» (Cuando dice que ascendió, ¿qué otra cosa puede querer decir sino que Él también había descendido a lo más bajo de la tierra? El que descendió es la misma Persona que ascendió por encima de todos los cielos para llenarlo todo con Su presencia).

LAS VIRTUDES CRISTIANAS

Efesios 4:1-3

Así es que yo, el prisionero del Señor, os insisto en que os comportéis de una manera que sea digna de la vocación que habéis recibido. Os exhorto a que os conduzcáis con toda humildad, y amabilidad, y paciencia. Os exhorto a que os soportéis unos a otros con amor.

*Os exhorto encarecidamente a que conservéis esa uni-
dad que el Espíritu Santo puede producir, uniendo las
cosas en paz.*

Cuando una persona ingresa en cualquier sociedad, asume
la obligación de vivir una cierta clase de vida; y si incumple
esa obligación, entorpece los objetivos de esa sociedad y la
desacredita. Aquí Pablo hace la descripción de la clase de vida
que debe vivir una persona cuando entra en la comunión de
la Iglesia Cristiana.

Los primeros tres versículos relucen como joyas. Aquí
tenemos cinco de las palabras más grandes de la fe cristiana.

(i) La primera y principal es *la humildad.* En griego es
tapeinofrosynê, que es una palabra que acuñó por primera vez
la fe cristiana. En griego no hay una palabra para humildad que
no contenga algún atisbo de mezquindad. Posteriormente,
Basilio había de describirla como «el joyero de todas las virtudes;» pero antes del Cristianismo la humildad no se consideraba ni siquiera como una virtud. El mundo antiguo consideraba la humildad despreciable.

En griego hay un adjetivo para *humilde,* que está íntimamente relacionado con el nombre, *tapeinós.* Una palabra se
conoce siempre por las que lleva en su compañía, y la de esta
era despreciable. Solía encontrase en compañía de los adjeti-
vos griegos que quieren decir servil *(andrapodôdês, dulikós,
duloprepês),* innoble *(aguenês),* despreciable *(ádoxos),* rastrero
(jamaizêlos, que es el adjetivo que describe esa clase de plan-
tas). En los días antes de Jesús la humildad se consideraba
una cualidad cobarde, rastrera, servil e innoble; sin embargo,
el Cristianismo la colocó a la cabeza de todas las virtudes.
Entonces, ¿de dónde procede esta humildad cristiana, y qué
conlleva?

(*a*) La humildad cristiana viene del *conocimiento propio.*
Bernardo decía de ella: «Es la virtud por la que una persona
llega a ser consciente de su propia indignidad, como resultado
del más íntimo conocimiento de sí misma.»

El vernos a nosotros mismos tal como somos es la cosa más humillante del mundo. La mayor parte de nosotros nos atribuimos un papel importante en la vida. En alguna parte se cuenta la historia de un hombre que, antes de acostarse, soñaba despierto sus sueños de grandeza. Se veía como el héroe de rescates emocionantes del mar o de las llamas; como un orador que tenía alucinada a una numerosa audiencia; como un futbolista que marcara el gol de oro en una final; siempre estaba en el centro de atención de muchos. Así somos casi todos. Y la verdadera humildad se produce cuando nos miramos a nosotros mismos, y vemos nuestras debilidades, nuestro egoísmo, nuestros fracasos en el trabajo y en las relaciones personales, etcétera.

(*b*) La humildad cristiana se produce cuando *nos colocamos al lado de Cristo, y cuando consideramos lo que Dios espera de nosotros.*

Dios es la suma perfección, y es imposible satisfacer a la perfección. Mientras nos comparemos con otros como nosotros, puede que no salgamos malparados de la comparación. Es cuando nos comparamos con la perfección cuando vemos nuestro fracaso. Uno puede considerarse muy buen pianista hasta que oye a alguno de los grandes intérpretes del mundo. Uno puede considerarse un buen ajedrecista hasta que se compare con cualquiera de los grandes maestros. Uno puede creerse un buen investigador hasta que conozca la vida de los grandes descubridores. Uno puede creerse un buen predicador hasta que escuche a uno de los príncipes del púlpito.

La propia satisfacción depende del nivel con el que nos comparemos. Si nos comparamos con nuestros semejantes, puede que nos demos por satisfechos. Pero el dechado cristiano es Jesucristo, y Dios nos demanda la perfección; y al colocarnos bajo ese rasero no nos queda lugar para el orgullo.

(*c*)Esto se puede decir de otra manera. R. C. Trench dice que la humildad viene del sentimiento constante de nuestra propia *criaturidad*. Nos encontramos en una situación de absoluta dependencia de Dios. Somos criaturas; y para la criatura no puede caber sino humildad en la presencia del Creador. La humildad cristiana se basa en el conocimiento propio, en la contemplación de Jesucristo y en las demandas de Dios.

LA NOBLEZA CRISTIANA

Efesios 4:1-3 (continuación)

La segunda de las grandes virtudes cristianas es la que la versión Reina-Valera llamaba *mansedumbre,* y que hemos traducido por *amabilidad* o *cortesía.* El nombre griego es *praytês,* el adjetivo es *prays,* y son ambas palabras de las más difíciles de traducir. *Praus* tiene dos líneas principales de significado.

(*a*) Aristóteles, el gran pensador y filósofo griego, tiene mucho que decir acerca del significado de *praytês.* Tenía por costumbre definir todas las virtudes como *el término medio entre dos extremos,* entre tener esa cualidad por exceso, o tenerla por defecto. Y entre los dos extremos se encontraba la debida proporción. Aristóteles define *praytês* como el término medio entre el exceso de ira y la total incapacidad para sentirla. El hombre que es *prays* es el que siempre se indigna en el momento adecuado, cuando es debido, y nunca cuando no tiene motivo. Para decirlo de otra manera: el hombre que es *prays* es el que siente indignación por las injusticias y los sufrimientos de los demás, pero nunca se indigna ante las injusticias y los insultos de los que es objeto. Así que el hombre que es, como decía la Reina-Valera, *manso,* es el que siempre muestra su disconformidad en el momento oportuno, y nunca cuando no hay motivo.

(*b*) Hay otro hecho que arroja mucha luz sobre el significado de esta palabra. *Prays* es la palabra griega que se usa para definir a un animal que ha sido domado y domesticado para obedecer y estar perfectamente controlado. Por tanto, el hombre que es *prays* es el que tiene todos los instintos y las pasiones bajo perfecto control. No sería justo decir que tal hombre tiene un dominio propio total, porque tal cualidad rebasa la capacidad humana. Pero sí sería correcto decir que el que tiene esta cualidad vive totalmente bajo el control de Dios.

Así que esta es la segunda gran característica de un verdadero miembro de iglesia. Es el hombre que está tan controlado por Dios que se indigna cuando debe indignarse, y nunca cuando no debe.

LA PACIENCIA INVENCIBLE

Efesios 4:1-3 (continuación)

(iii) La tercera gran cualidad del cristiano es lo que la Reina-Valera llama en otros pasajes *longanimidad*. En griego es *makrothymía*. Esta palabra tiene dos direcciones principales en su significado.

(*a*) Describe el espíritu que nunca cede y que, porque soporta hasta el final, cosecha la recompensa. Su significado se puede ver mejor por el hecho de que un escritor judío usaba esta palabra para describir lo que él llamaba «la perseverancia romana, que no aceptaba nunca hacer la paz en condiciones de derrota.» En sus grandes días, los romanos eran inconquistables o invencibles; podía ser que perdieran una batalla, o hasta una campaña, pero era inimaginable el que perdieran una guerra. Aun en el mayor desastre, nunca se les ocurría reconocer una derrota. La paciencia cristiana es el espíritu que nunca admite la derrota, que no se da por vencido ante ninguna desgracia ni sufrimiento, por ninguna desilusión o desánimo, sino que persevera hasta el fin.

(*b*) Pero *makrothymía* tiene todavía un sentido más característico que ese. Es la palabra griega característica para *paciencia con las personas*. Crisóstomo la describe como el espíritu que tiene poder para vengarse, pero no se venga. Lightfoot la definía como el espíritu que se niega a la revancha. Usando una analogía muy imperfecta diríamos que a menudo es posible ver juntos un cachorro y un perro adulto y grande. El cachorro le fastidia al perrazo, le mordisquea, y le hace toda clase de perrerías. El perro grande, que podría deshacerse del cachorro de una patada o de una dentellada, soporta sus impertinencias con una dignidad inalterable. *Makrothymía* es el espíritu que soporta los insultos y las injurias sin amargura ni queja. Es el espíritu que puede sufrir a las personas desagradables con cortesía, y a los tontos sin irritarse.

(*c*) Lo que nos permite conocer mejor el sentido de esta palabra es el hecho de que el Nuevo Testamento se la aplica repetidas veces a Dios. Pablo le pregunta al pecador impenitente si desprecia *la paciencia* de Dios *(Romanos 2:4)*. En otro lugar habla de la perfecta *paciencia* que Jesús tuvo con él *(1 Timoteo 1:16)*. Pedro habla de *la paciencia* de Dios esperando en los días de Noé *(1 Pedro 3:20)*. Dice que la tolerancia de nuestro Señor es para nuestra salvación *(2 Pedro 3:15)*. Si Dios hubiera sido un hombre, habría «perdido la paciencia» con el mundo por su desobediencia hace mucho tiempo. El cristiano debe tener con sus semejantes la paciencia que Dios ha tenido con él innumerables veces.

EL AMOR CRISTIANO

Efesios 4:1-3 (conclusión)

(iv) La cuarta gran cualidad cristiana es *el amor*. El amor cristiano era algo tan nuevo en el mundo antiguo que los escritores cristianos tuvieron que inventar una palabra nueva para definirlo; o, por lo menos, tuvieron que usar una palabra muy rara en griego, dándole un sentido totalmente nuevo: *agapê*.

En griego hay cuatro palabras para *amor*. Está *erôs,* que es el amor entre un hombre y una mujer que incluye la pasión sexual. Está *filía,* que es el afecto cálido que existe entre los que comparten unas mismas circunstancias. Está *storguê,* que es la palabra que designa el amor de la familia. Y está *agapê,* que la Reina-Valera traduce por *amor,* aunque en ediciones más antiguas, siguiendo tal vez a la Vulgata, la traducía por *caridad.*

El sentido auténtico de *agapê* es una benevolencia a toda prueba. El tener *agapê* hacia una persona quiere decir que nada que esa persona haga o nos haga nos hará buscar para ella sino lo mejor posible. Aunque nos perjudique e insulte, nosotros no sentiremos nunca hacia ella más que amabilidad y benevolencia. Esto quiere decir que este *amor* cristiano no es meramente un sentimiento emocional. Este *agapê* es algo, no solamente de las emociones, sino también de la voluntad. Es la habilidad de mantener una buena voluntad inconquistable con los que no la tienen con nosotros, ni son amables, ni nos gustan. *Agapê* es esa cualidad de la mente y del corazón que impulsa a un cristiano a no sentir nunca ninguna malquerencia ni ningún deseo de venganza, sino a buscar siempre el mayor bien posible para todos, sean como sean.

(v) Estas cuatro grandes virtudes de la vida cristiana —humildad, amabilidad, paciencia y amor— desembocan en una quinta: *la paz.* El consejo y la exhortación urgente de Pablo son que los que lean su carta tengan un interés especialísimo en mantener «la sagrada unidad» que debe caracterizar a la verdadera Iglesia.

La paz se puede definir como *la debida relación entre las personas.* Esta unidad, esta paz, esta debida relación, se puede conservar solamente de una manera. Cada una de las cuatro grandes virtudes cristianas depende de la negación del *yo.* Mientras el yo sea el centro de todas las cosas, esta unidad no podrá existir nunca plenamente. En una sociedad en la que el yo domina, las personas no pueden ser más que una colección desintegrada de unidades individualistas en guerra. Pero cuando do el yo muere y Cristo se aposenta en su lugar en nuestros corazones, entonces se produce la paz, la unidad, que es la característica suprema de la verdadera Iglesia.

LAS BASES DE LA UNIDAD

Efesios 4:4-6

> Hay un solo Cuerpo y un solo Espíritu, de la misma
> manera que habéis sido llamados con una sola y misma
> esperanza de vuestra vocación. No hay más que un solo
> Señor, una sola fe, un solo bautismo, un solo Dios y
> Padre de todos, Que está por encima de todos y a través
> de todos y en todos.

Pablo pasa a establecer las bases sobre las que se funda la
unidad cristiana.

(i) Hay un solo Cuerpo. (En estas frases añado la palabra
solo/sola porque en el original *un/una* es el numeral y no el
artículo indeterminado). Cristo es la Cabeza, y la Iglesia es el
Cuerpo. Ningún cerebro puede controlar un cuerpo que está
desintegrado en fragmentos. Si no hay una unidad coordinada
en el cuerpo, los designios de la cabeza se frustran. La unidad
de la Iglesia es esencial para la obra de Cristo. Eso no quiere
decir una unidad mecánica de administración y de organización
humanas; sino tiene que ser una unidad basada en un común
amor a Cristo y de los miembros entre sí.

(ii) Hay un solo Espíritu. La palabra *pneuma* en griego
quiere decir tanto *espíritu* como *aliento*. Es de hecho la palabra
corriente para aliento. A menos que haya aliento en el cuerpo,
el cuerpo estará muerto; y el aliento vitalizador del Cuerpo de
la Iglesia es el Espíritu de Cristo. No puede haber Iglesia sin
el Espíritu; y no se puede recibir el Espíritu más que deseán-
dolo y esperándolo en oración.

(iii) Hay una sola esperanza de nuestra vocación. Todos
estamos en marcha hacia la misma meta. Este es el gran secreto
de la unidad de los cristianos. Nuestros métodos, nuestra organización, hasta algunas de nuestras creencias puede que sean
diferentes; pero todos nos esforzamos para alcanzar la meta de
un mundo redimido en, por y para Cristo.

(iv) Hay un solo Señor. La primera forma de credo que surgió en la Iglesia Primitiva fue una breve frase: «Jesucristo es el Señor» *(Filipenses 2:11).* Pablo veía que era el sueño de Dios el que llegara un día cuando toda la humanidad hiciera esta confesión. La palabra que usa para *Señor* es *Kyrios.* Las dos formas en que se usa en el griego corriente muestran algo de lo que Pablo quería decir. Se usaba para *amo,* en contraposición a *siervo* o *esclavo.* Y era la manera normal de referirse al emperador romano. Los cristianos están unidos porque son propiedad y están al servicio de un Dueño y Rey.

(v) Hay una sola fe. Pablo no quería decir que hay un solo *credo.* Rara vez de hecho la palabra *fe* quiere decir *credo* en el Nuevo Testamento. Casi siempre quiere decir la entrega incondicional del cristiano a Jesucristo. Pablo quiere decir que todos los cristianos están unidos porque han decidido rendirse totalmente al amor de Jesucristo. Puede que lo describan de diferentes maneras; pero, sea como sea, la rendición es algo que todos tienen en común.

(vi) Hay un solo bautismo. En la Iglesia Primitiva el bautismo era corrientemente de adultos, porque los hombres y las mujeres llegaban directamente del paganismo a la fe cristiana. Por tanto, antes que ninguna otra cosa, el bautismo era la pública confesión de fe. No había nada más que una manera de incorporarse al ejército romano: el que quería ser soldado de Roma tenía que hacer un juramento de fidelidad hasta la muerte al emperador. De la misma manera, no había nada más que una forma de ingresar en la Iglesia Cristiana: mediante la pública confesión de fe en Jesucristo.

(vii) Hay un solo Dios. Veamos lo que dice Pablo acerca del Dios en Quien creemos.

(*a*) Dios es *el Padre* de todos; en esa frase se encierra *el amor* de Dios. Lo más grande que podemos decir del Dios de los cristianos no es que es Rey, ni que es Juez, sino que es Padre. La idea cristiana de Dios empieza por el amor.

(*b*) Dios está *por encima* de todas las cosas. En esa frase se encierra *el control* de Dios. Independientemente del aspecto que presenten las cosas, Dios está en control. Puede que haya diluvios; pero «El Señor preside en el diluvio» *(Salmo 29:10).*

(*c*) Dios está *detrás* de todo; en esa frase se encierra la idea de *la providencia* de Dios. Dios no creó el mundo y lo puso en marcha como puede hacer un relojero con un reloj, dándole cuerda y dejándolo hasta que se le acabe. Dios está detrás de todo este mundo guiándolo, sosteniéndolo y amándolo.

(*d*) Dios está *en* todas las cosas; en esa frase se encierra *la presencia* de Dios en todas las criaturas. Puede ser que Pablo tomara la joya de esta idea de los estoicos, que creían que Dios era un fuego más puro que ninguno de los de la Tierra; y creían que lo que le daba a un ser la vida era que una chispa de ese fuego que era Dios venía a morar en su cuerpo. Pablo creía que Dios está en todas las cosas.

El Evangelio nos dice que vivimos en un mundo que ha sido creado por Dios y que está controlado por Dios, sostenido por Dios y lleno de Dios.

LOS DONES DE LA GRACIA

Efesios 4:7-10

A cada uno de vosotros se le ha dado la gracia según la medida del don gratuito de Cristo. Por eso dice la Escritura: «Ascendió a las alturas, y llevó a Sus cautivos consigo, y dio dones a los hombres.» (Cuando dice que ascendió, ¿qué otra cosa puede querer decir sino que Él también había descendido a lo más bajo de la tierra? El que descendió es la misma Persona Que ascendió por encima de todos los cielos para llenarlo todo con Su presencia).

Pablo vuelve a otro aspecto de su tema. Ha estado tratando de *las cualidades* de los miembros de la Iglesia de Cristo. Ahora va a hablar de *sus funciones* en la Iglesia. Empieza por establecer lo que era para él una verdad esencial: que todo lo bueno que pueda tener una persona es don de la gracia de Cristo.

Para probar su idea de Cristo como el dador de dones, Pablo cita, con una variante muy significativa, el *Salmo 68:18.* Este salmo describe la vuelta de un rey conquistador. Asciende a las alturas: es decir, escala la carretera empinada del Monte de Sión por las calles de la Santa Ciudad. Le sigue una columna impresionante de prisioneros de guerra; es decir: desfila por las calles con sus prisioneros encadenados, que son la prueba de su poder conquistador. Y aquí viene la diferencia: El salmo habla a continuación de los dones que *recibe* el conquistador. Pablo lo cambia por «*dio* dones a los hombres.»

En el Antiguo Testamento, el rey conquistador *exigía y recibía* dones de la población; en el Nuevo Testamento, el Conquistador, Cristo, *ofrece y da* dones a los hombres. Esa es la diferencia esencial que hay entre los dos testamentos. En el Antiguo Testamento, un Dios celoso insiste en el tributo que Le deben los hombres; en el Nuevo Testamento, un Dios amante derrama Su amor hacia los hombres. Esa es, sin duda, una Buena Noticia.

Entonces, como tantas veces, la mente de Pablo se le desvía por una palabra. Ha usado la palabra *ascendió,* y eso le hace pensar en Jesús. Y le hace decir una cosa muy maravillosa: Jesús *descendió* a este mundo cuando tomó nuestra naturaleza. Jesús *ascendió* de este mundo cuando salió de él para volver a Su gloria. El gran pensamiento de Pablo es que el Cristo que ascendió y el Cristo que descendió son una misma Persona. ¿Qué quiere decir eso? Quiere decir que el Cristo de la gloria es el mismo que el Jesús que anduvo por la tierra; sigue amando a las personas; sigue buscando al pecador; sigue sanando a los dolientes; sigue consolando a los afligidos; sigue siendo el amigo de los marginados. El Cristo ascendido sigue siendo el amante de las almas.

Hay otro pensamiento que impacta a Pablo. Jesús ascendió a las alturas, pero no para dejar el mundo abandonado;

ascendió a las alturas para llenar el mundo con Su presencia. Cuando Jesús estaba aquí personalmente, no podía estar nada más que en un sitio a la vez; Se encontraba con todas las limitaciones del cuerpo; pero cuando dejó este cuerpo y volvió a la gloria, Se vio libre de las limitaciones del cuerpo, y pudo estar en todas partes, en todo el mundo, mediante Su Espíritu. Para Pablo, la ascensión de Jesús no quiere decir que abandonó el mundo, sino que lo llenó.

LOS RESPONSABLES EN LA IGLESIA

Efesios 4:11-13

Y Él, Cristo, dio a la Iglesia a algunos como apósto-les, y a algunos, como profetas, y a algunos, como evan-gelistas, y a algunos, como pastores y maestros. Esto lo hizo para que pueblo consagrado a Dios esté plenamente equipado, para que la labor del servicio siga adelante, y el Cuerpo de Cristo se vaya edificando. Y esto ha de proseguir hasta que todos lleguemos a la unidad comple-ta de la fe y del conocimiento de Dios, hasta que alcan-cemos la perfecta humanidad, hasta que alcancemos la estatura que se puede medir por la plenitud de Cristo.

Este pasaje tiene un interés especial porque nos da una descripción de la organización y de la administración de la Iglesia Primitiva. En la Iglesia Primitiva había tres clases de responsables. Había unos pocos cuya autoridad se extendía por toda la Iglesia. Había bastantes cuyo ministerio no estaba confinado a un lugar, sino que tenían un ministerio ambulante e iban adonde el Espíritu los movía. Había algunos cuyo ministerio se limitaba a una congregación y a un lugar.

Los apóstoles eran los que tenían autoridad en toda la Iglesia. Los apóstoles incluían a más de los doce. Bernabé era un apóstol *(Hechos 14:4,14);* Santiago, el hermano de nuestro

Señor, era un apóstol *(1 Corintios 15:7; Gálatas 1:19);* Silvano era un apóstol *(1 Tesalonicenses 2:6);* Andrónico y Junias eran apóstoles *(Romanos 16:7).*

Para ser apóstol se tenían que tener dos grandes cualificaciones. La primera era haber conocido a Jesús personalmente. Cuando Pablo insiste en sus propios derechos en vista de la oposición que se le hacía en Corinto, afirma: «¿Es que yo no soy un apóstol? ¿Es que no he visto a Jesús nuestro Señor?» *(1 Corintios 9:1).* La segunda, un apóstol tenía que ser un testigo de la Resurrección del Señor. Cuando los once se reunieron para elegir al que había de tomar el puesto que dejó vacante Judas, el traidor, se decía que tenía que ser uno que hubiera sido de la compañía durante todo el ministerio terrenal de Jesús, y un testigo de Su Resurrección *(Hechos 1: 21s).*

En un sentido, los apóstoles tenían que acabarse, porque al cabo de cierto tiempo ya se habían muerto todos los que habían conocido a Jesús y habían sido testigos de Su Resurrección. Pero, en otro sentido todavía superior, la cualificación continúa abierta. El que haya de presentar a Cristo, debe conocerle personalmente; y el que haya de manifestar el poder de Cristo a otros debe haber experimentado el poder del Cristo Resucitado.

(ii) Estaban *los profetas.* Los profetas no tenían la misión exclusiva de *pronosticar* el futuro, sino de *proclamar* la voluntad de Dios. Al proclamar la voluntad de Dios, hasta cierto punto, tenían que anunciar cosas futuras; porque anunciaban las consecuencias que traería el obedecer o desobedecer esa voluntad.

Los profetas se movían por toda la Iglesia. Su mensaje no era el resultado de su pensamiento o estudio, sino que les era revelado directamente por el Espíritu Santo. No tenían hogar ni familia ni medios de subsistencia. Iban de iglesia en iglesia proclamando la voluntad de Dios tal como Dios se la había revelado.

Los profetas, como un ministerio reconocido, desaparecieron de la Iglesia antes de mucho. Eso sucedió por tres razones.

(*a*) En tiempos de persecución, los profetas eran los primeros en caer; no podían ocultarse, y eran los primeros en morir por la fe. (*b*) Los profetas llegaron a ser un problema. A medida que las iglesias iban creciendo se desarrollaba su organización local. Cada congregación se iba volviendo una organización con un pastor permanente y una administración local. Antes de mucho, el ministerio establecido empezó a objetar a la intrusión de estos profetas ambulantes, que a menudo inquietaban a sus congregaciones. El resultado inevitable fue que los profetas fueran desapareciendo poco a poco. (*c*) El ministerio de profeta estaba expuesto a los abusos. Estos viajeros proféticos gozaban de un prestigio considerable. Algunos de ellos abusaban de su autoridad, y la convertían en una excusa para vivir cómodamente a expensas de las congregaciones que visitaban. El libro más antiguo de administración eclesiástica que se conoce es la *Didajê, La Enseñanza de los Doce Apóstoles,* que surgió allá por el año 100 d.C. En él se ven claramente tanto el prestigio como las sospechas que despertaban los profetas. Se establece el orden del culto de comunión, así como las oraciones que se habían de usar; y a continuación se dice que un profeta puede dirigir el culto como quiera. Pero hay algunas otras disposiciones. Se establece que un profeta ambulante puede quedarse uno o dos días en una congregación, pero si quiere quedarse tres días es un falso profeta; se establece que si un profeta ambulante, en un supuesto momento de inspiración, solicita dinero o una comida, es un falso profeta.

(iii) Estaban *los evangelistas.* Los evangelistas eran también ambulantes. Corresponden a los que nosotros llamaríamos misioneros. Pablo le dice a Timoteo: «Haz la obra de evangelista» *(2 Timoteo 4:5).* Eran los que daban a conocer la Buena Noticia. No tenían el prestigio ni la autoridad de los apóstoles, que habían visto al Señor; ni ejercían la influencia de los profetas inspirados por el Espíritu; eran los obreros habituales de la Iglesia que llevaban la Buena Nueva a los que todavía no la conocían.

(iv) Estaban *los pastores y maestros*. Parece que estas dos palabras describen a una sola clase de personas. En cierto sentido tenían la tarea más importante de toda la Iglesia: no eran ambulantes sino fijos en una congregación. Tenían una triple función.

(*a*) Eran *maestros*. En la Iglesia Primitiva había pocos libros. La imprenta no se había de inventar hasta mil cuatrocientos años después. Todos los libros tenían que escribirse a mano, y un libro del tamaño del Nuevo Testamento costaría por lo menos el sueldo de todo un año de un obrero. Eso quería decir que la historia de Jesús se tenía que transmitir principalmente de viva voz. La historia de Jesús se fue contando oralmente antes de que se escribiera, y estos maestros tenían la tremenda responsabilidad de ser los depositarios de la historia del Evangelio. Era su función el conocer y el transmitir la historia de la vida de Jesús.

(*b*) Las personas que se incorporaban a la Iglesia procedían directamente del paganismo. No sabían absolutamente nada del Cristianismo, excepto que Jesucristo había tomado posesión de sus corazones. Por tanto, estos maestros tenían que desplegar la fe cristiana ante los conversos, tenían que explicar sus grandes doctrinas. Es a ellos a los que debemos el que la fe cristiana se mantuviera pura y no fuera distorsionada en su transmisión.

(*c*) Estos maestros eran también *pastores*. *Pastor* era la palabra latina que designaba, lo mismo que la española, al que cuidaba de un rebaño. Por algún tiempo la Iglesia Cristiana no era más que una isleta en un mar de paganismo. Las personas que venían a ella acababan de salir del paganismo, y estaban en constante peligro de volver a él; y el deber del pastor era guiar su rebaño y mantenerlo a salvo.

Esta palabra es antigua y honorable. En el pasado lejano de Homero, al rey Agamenón se le llamaba «el pastor de su pueblo.» Jesús se había llamado a Sí mismo El Buen Pastor (*Juan 10:11,14*). El autor de *Hebreos* llamaba a Jesús El gran Pastor de las ovejas (*Hebreos 13:20*). Pedro Le llama Pastor y Obispo de vuestras almas *(1 Pedro 2:25).* También Le llama El Príncipe de los pastores *(1 Pedro 5:4).* Jesús encargó a Pedro que se cuidara de Sus ovejas *(Juan 21:16).* Pablo advirtió a los ancianos de Éfeso que guardaran el rebaño que Dios había puesto a su cuidado *(Hechos 20:28).* Y Pedro exhorta a los ancianos a que se cuiden del rebaño de Dios *(1 Pedro 5:2).*

La figura del pastor se halla indeleblemente retratada en el Nuevo Testamento. Era el que se cuidaba del rebaño y guiaba a las ovejas a lugares seguros; era el que buscaba las ovejas descarriadas y, si era necesario, exponía su vida para salvarlas. El pastor del rebaño de Dios es el hombre que lleva al pueblo de Dios en el corazón, que los alimenta con la verdad, los busca cuando se extravían y los defiende de todo lo que pueda dañar sus almas. Y a cada cristiano se le encarga que sea un poco el pastor de sus hermanos.

EL OBJETIVO DEL RESPONSABLE

Efesios 4:11-13 (conclusión)

Después de nombrar a los diferentes responsables de la Iglesia, Pablo pasa a hablar de sus objetivos y de lo que deben tratar de hacer.

Su objetivo es que los miembros de la iglesia estén debidamente equipados. La palabra que usa Pablo para *equipados* es interesante. Es *katartismós,* que viene del verbo *katartizein.* Es una palabra que se usaba en cirugía con el sentido de colocar un miembro roto, o poner en la debida posición una articulación. En política se usaba con el sentido de acercar o unir posiciones opuestas para que el gobierno pudiera proseguir su labor. En el Nuevo Testamento se usa para remendar las redes *(Marcos 1:19),* y para disciplinar a un ofensor para que vuelva a ocupar su puesto en la comunión de la iglesia *(Gálatas 6:1).* La idea básica de la palabra es la de poner algo en las condiciones debidas. Es la función de los responsables de la Iglesia el asegurarse de que los miembros sean instruidos, guiados, cuidados, buscados cuando se desvían, para que lleguen a ser como Dios quiere.

Su cometido es que el servicio siga adelante. La palabra que se usa aquí para servicio es *diakonía;* y la idea principal que subyace en esta palabra es la del *servicio práctico.* El responsable no tiene que ser uno que habla simplemente de cuestiones de teología y de cosas de la Iglesia; está a cargo de comprobar que el servicio práctico a favor de los pobres y de los desvalidos de Dios se lleva a cabo.

Su finalidad es comprobar que el Cuerpo de Cristo es edificado. La obra del responsable es siempre la construcción, y no la destrucción. Su objetivo no es causar problemas, sino resolverlos; fortalecer siempre, y nunca debilitar la fábrica de la iglesia.

El responsable tiene todavía una misión más alta que estas, que puede decirse que son sus funciones inmediatas; pero por encima de ellas tiene otras más importantes.

Su objetivo es que los miembros de la iglesia lleguen a la unidad perfecta. No debe permitir nunca que se formen partidos en la iglesia, ni que se haga nada que produzca diferencias en ella. Mediante la enseñanza y el ejemplo debe tratar de hacer que los miembros de la iglesia mantengan una unidad cada vez más íntima.

Su objetivo es que los miembros de la iglesia lleguen a un pleno desarrollo. La iglesia no se puede contentar nunca con que sus miembros vivan vidas respetables. Su finalidad debe ser que sean ejemplos de la perfecta hombría y feminidad cristianas.

Así que Pablo acaba con un objetivo sin igual. El objetivo de la iglesia es el que sus miembros alcancen la estatura que se mide mediante la plenitud de Cristo. La finalidad de la iglesia no es nada menos que producir hombres y mujeres que son el reflejo perfecto de Jesucristo mismo. Durante la guerra de Crimea, Florence Nightingale estaba una noche pasando revista en una sala de un hospital. Se detuvo ante una cama y se inclinó hacia un soldado que estaba gravemente herido. El herido levantó la vista y dijo: «Tú eres Cristo para mí.» Un santo se ha definido como «alguien en quien Cristo vuelve a vivir.» Eso es lo que el verdadero miembro de iglesia debe ser.

CRECIENDO EN CRISTO

Efesios 4:14-16

Todo esto ha de hacerse para que no sigamos siendo niños en la fe, llevados y echados de acá para allá por cualquier vientecillo de enseñanza manejado por algún listo astuto con malas artes para apartarnos del camino. Por el contrario: todo debe estar diseñado para hacernos abrazar la verdad en amor y hacernos crecer en todos los sentidos en Aquel que es la Cabeza —quiero decir Cristo. Es a partir de Cristo como todo el cuerpo se organiza y se integra por medio de todas las coyunturas que suplen sus necesidades, según cada miembro cumpla la función de la tarea que se le asigna. Es partiendo de Cristo como el Cuerpo crece y se edifica en amor.

En todas las iglesias hay algunos miembros a los que hay que proteger. Hay algunos que son como niños, dominados por el deseo de novedades y a merced de la última moda en religión. Es la lección de la historia que las modas populares en materia de religión vienen y van, pero la Iglesia siempre permanece. El alimento sólido de la religión siempre se ha de encontrar en la Iglesia.

En todas las iglesias hay algunas personas de las que hay que guardarse. Pablo habla de la listeza astuta de algunos. La palabra que usa *(kybeía)* quiere decir habilidad en el manejo de los dados. Siempre hay algunos que tratan de apartar a otros de la fe con argumentos ingeniosos. Una de las características de nuestro tiempo es que la gente habla de religión más que en otras muchas épocas; y los cristianos, especialmente los cristianos jóvenes, tienen que enfrentarse a menudo con los argumentos de los que están contra la Iglesia y contra Dios. Sólo hay una manera de evitar que nos hagan perder el equilibrio con la última moda religiosa y que nos seduzcan con los argumentos peregrinos de los listos, y es creciendo constantemente en Cristo.

Pablo usa todavía otra alegoría. Dice que un cuerpo es sano y activo solamente cuando todos sus miembros están debidamente coordinados. Pablo dice que así sucede con la Iglesia; y que la Iglesia puede ser así solamente cuando Cristo es realmente la Cabeza, y cuando todos los miembros están bajo Su control. De la misma manera que todas las partes de un cuerpo sano obedecen al cerebro. La única cosa que puede mantener a un cristiano firme en la fe y seguro contra la seducción, la única cosa que puede mantener a la Iglesia sana y eficaz es la íntima conexión con Jesucristo, Que es la Cabeza y la mente directriz del Cuerpo.

LAS COSAS QUE DEBEN ABANDONARSE

Efesios 4:17-24

Esto os digo y os encargo solemnemente en el Señor: Ya no debéis vivir la clase de vida de los gentiles, que tienen la mente siempre ocupada con cosas vacías; tienen el entendimiento ofuscado; son extraños a la vida que Dios da a causa de la ignorancia que hay en ellos y de tener el corazón petrificado. Han llegado a una situación en la que se han vuelto insensibles; y en su presunción desvergonzada se han entregado a toda especie de conductas impuras en la concupiscencia insaciable de sus deseos. Pero no es esa la manera como vosotros habéis aprendido a Cristo, si Le habéis escuchado de veras y se os ha enseñado en Él según la verdadera enseñanza

*que está en Jesús. Debéis dejar de vivir como vivíais
antes. Debéis desembarazaros de vuestra vieja humanidad, que está abocada a la muerte, como es irremediable
que suceda por efecto de los deseos engañosos. Debéis
renovaros en el espíritu de vuestra mente. Debéis asumir
la nueva humanidad creada de acuerdo con el modelo
de Dios en integridad y auténtica santidad.*

Pablo exhorta a sus conversos a que se despojen de su vieja
manera de vivir y asuman la de Cristo. En este pasaje menciona
lo que él considera las características de la vida pagana. Los
paganos no se interesaban más que en cosas vacías, que no
tenían ninguna importancia; tenían la mente ofuscada por la
ignorancia. Entonces aparece la palabra sobresaliente: tienen
el corazón *petrificado.*

La palabra que usa Pablo para *la petrificación* del corazón
es hosca y terrible. Es *pôrôsis. Pôrôsis* viene de *pôrôs,* que
quería decir originalmente una piedra que era más dura que el
mármol. Llegó a usarse como término médico, como en español *osteoporosis,* para indicar las calcificaciones que se forman
en las articulaciones y que llegan a paralizarlas totalmente; y
también los callos que se forman donde se ha roto un hueso
y se ha vuelto a soldar, que son más duros que el hueso mismo.
Por último, la palabra vino a significar la pérdida de toda
sensación. Describía algo que se había endurecido o petrificado
hasta el punto de perder totalmente la sensibilidad.

Eso es lo que dice Pablo acerca de la vida pagana. Se había
endurecido tanto que había perdido la sensibilidad. Una de las
cosas horribles del pecado es su efecto petrificador. El proceso
del pecado se puede seguir fácilmente. Ninguna persona se
convierte en una gran pecadora de pronto. En un principio mira
el pecado con horror. Cuando peca, se le llena el corazón de
remordimientos. Pero, si continúa pecando, llega a un punto
en que pierde toda sensibilidad y puede hacer las cosas más
vergonzosas sin ningún sentimiento de vergüenza. Se le ha
cauterizado la conciencia *(1 Timoteo 4:2).*

Pablo usa otras dos expresiones terribles para describir la manera pagana de vivir. Dice que se han entregado a toda clase de conductas impuras *en la concupiscencia insaciable de sus deseos;* y que lo han hecho en su *presunción desvergonzada.*

La palabra para presunción desvergonzada es *asélgueia.* Platón la describía como «impudicia»; y otro escritor como «disposición para toda clase de placer.» Basilio la definía como «una predisposición del alma que es incapaz de soportar el dolor de la disciplina.» La gran característica de *asélgueia* es esta: uno que es malo intenta por lo general ocultar su pecado; pero el que tiene *asélgueia* en el alma no se preocupa de lo mucho que pueda escandalizar la opinión pública con tal de satisfacer sus deseos. El pecado puede tener en un puño a una persona hasta tal punto que le haga perder la vergüenza y la decencia. Es como con la droga que, en un principio se toma a escondidas, pero se llega a una etapa cuando se la procura abiertamente porque ya se es un drogodependiente. Uno puede llegar a ser tan esclavo del alcohol que ya no le importa que le vean bebiendo o borracho; una persona puede dar rienda suelta a sus deseos sexuales hasta tal punto que llega a ser un esclavo de ellos y no le importa quién y dónde le vea.

La persona sin Cristo hace todo esto movida por *la concu-piscencia insaciable de sus deseos.* La palabra es *pleonexía,* otra palabra terrible, que los griegos definían como «una co-dicia arrogante», o como «un ansia maldita de poseer», o como «el deseo ilegal de lo que pertenece a otros.» Se ha definido también como el espíritu en el que una persona siempre está dispuesta a sacrificar a sus semejantes a sus propios deseos. *Pleonexía* es el deseo irresistible de tener lo que no tenemos derecho a tener. Puede que conduzca al robo de cosas ma-teriales; o puede conducir al espíritu que pisotea a otras per-sonas para salirse con la suya; puede desembocar en el pecado sexual.

En el mundo pagano, Pablo veía tres cosas terribles. Veía los corazones humanos tan petrificados que ya ni se da-ban cuenta de que estaban pecando; veía a las personas tan dominadas por el pecado que habían perdido y olvidado la vergüenza y la decencia; veía a las personas tan a merced de sus deseos que ya no les importaban los demás a los que pudieran perjudicar y cuya inocencia destruían con tal de satisfacer sus deseos. Estos son exactamente los pecados del mundo sin Cristo hoy en día igual que entonces, que se pueden ver invadir la vida en cualquier punto y recorriendo las calles de cualquier gran ciudad.

Pablo exhorta a sus conversos a que rompan definitivamente con esa clase de vida. Usa una manera gráfica de hablar. Dice: «Despojaos de la vieja manera de vivir como el que se quita una ropa vieja y sucia; asumid la nueva manera de vivir; despojaos de vuestros pecados y asumid la integridad y la santidad que Dios os puede dar.»

LO QUE DEBE DESTERRARSE DE LA VIDA

Efesios 4:25-32

Así que despojaos de la falsedad, y decidle la verdad cada uno de vosotros a los demás; porque somos todos miembros del mismo Cuerpo. Si os enfadáis, cuidaos muy mucho de no caer en pecado. No dejéis que se ponga el sol sin haber hecho las paces, ni le deis oportunidades al diablo. El que antes fuera ladrón, que deje definitivamente de robar; que se aficione más bien a trabajar duro, y a hacer cosas productivas con sus manos, a fin de poder compartir lo que tenga con los que tengan necesidad. Que no se os escape nunca ninguna palabra sucia, sino que todas vuestras palabras sean buenas, encaminadas a la buena edificación, para que puedan producir beneficio a los que las oigan. No hagáis que se ponga triste el Espíritu Santo de Dios con el Cual estáis sellados hasta que llegue el día de vuestra redención. Que toda clase de amargura, todas las rabietas, todo el rencor a largo

plazo, todas las griterías, todo el lenguaje insultante des-
aparezcan de vosotros con todas las otras clases de mal.
Sed amables unos con otros, compasivos, perdonándoos
mutuamente como Dios os perdonó a vosotros en Cristo.

Pablo ha estado diciendo que cuando uno se convierte a Cristo debe despojarse de la vida vieja como se quitaría de encima una ropa que ya no le sirve. Aquí habla de las cosas que hay que desterrar de la vida cristiana.

(i) Ya no debe tener cabida en ella la falsedad. Hay más de una clase de mentira en este mundo.

Existe la mentira que se dice, algunas veces deliberadamente, y otras casi sin querer. El Doctor Johnson nos da un consejo interesante en relación con la educación de los niños: «Acostumbrad a vuestros hijos continuamente a decir la verdad; si pasa algo en una ventana, y ellos cuando lo cuentan dicen que sucedió en otra, no se lo paséis por alto, sino corregídselo inmediatamente; si no, no sabéis adónde puede conducir eso de apartarse de la verdad... Es muchas veces más por descuido de la verdad que por mentira intencionada por lo que hay tanta falsedad en el mundo.»

También se puede mentir guardando silencio, y puede que sea la forma más corriente. André Maurois, en una frase memorable, habla de «la amenaza de las cosas que no se dicen.» Puede ser que en una conversación una persona muestre con su silencio estar de acuerdo o dar su aprobación a alguna manera de actuar que sabe que no es como es debido. Puede ser que una persona se calle una advertencia, o una represión, cuando sabe muy bien que debería darlas. Cuidado con aquello de que «el que calla otorga.»

Pablo da la razón para decir la verdad: Es porque somos todos miembros del mismo Cuerpo. Podemos vivir tranquilos solamente porque los sentidos y los nervios pasan mensajes veraces al cerebro. Si se acostumbraran a enviar mensajes falsos, y, por ejemplo, le dijeran al cerebro que algo está frío y se puede tocar cuando en realidad está muy caliente y quema, la vida se acabaría muy pronto. Un cuerpo puede funcionar con salud solamente cuando cada uno de sus miembros le pasa mensajes veraces al cerebro. Así que si estamos todos incluidos en un cuerpo, ese cuerpo podrá funcionar como es debido solamente si decimos la verdad.

(ii) Es normal que se tengan enfados en la vida cristiana, pero no se debe uno pasar. El mal genio no tiene disculpa; pero existe una indignación que muchas veces hace que el mundo no sea peor de lo que es. El mundo habría perdido mucho si no hubiera sido por la ardiente indignación de Wilberforce contra la trata de esclavos, o de Shaftesbury contra las condiciones laborales del siglo XIX.

El Doctor Johnson era a veces un poco áspero. Cuando creía que algo estaba mal, lo decía claro. Cuando estaba a punto de publicar su *Viaje a las Hébridas,* Hannah More le pidió que mitigara algo de sus asperezas. Ella cuenta que la respuesta de Johnson fue que «él no podía limarse las garras, ni hacer que el tigre fuera un gatito para darle gusto a nadie.» El tigre tiene su papel en la vida; y cuando el tigre se convierte en un gatito, algo se ha perdido en el mundo.

Hubo momentos cuando Jesús se enfadó terrible y majestuosamente. Se enfadó cuando los escribas y los fariseos Le estaban observando para ver si curaba al hombre del brazo seco en sábado *(Marcos 3:5).* No fue el que Le criticaran lo que Le molestó; se enfadó porque la ortodoxia rígida de ellos quería imponerle a un semejante un sufrimiento innecesario. Estaba enfadado cuando hizo el azote de cuerdas y echó de los atrios del templo a los cambistas de dinero y a los vendedores de animales para los sacrificios *(Juan 2:13-17).*

John Wesley decía: «Dadme cien hombres que no teman más que a Dios, y que no odien más que el pecado, y que no conozcan a nadie más que a Jesucristo, y sacudiré el mundo.»

La ira egoísta y desatada es cosa peligrosa que debe desterrarse de la vida cristiana. Pero la indignación generosa que se mantiene en la disciplina del servicio de Cristo y de nuestros semejantes es una de las grandes fuerzas bienhechoras.

LO QUE DEBE DESTERRARSE DE LA VIDA

Efesios 4:25-32 (continuación)

(iii) Pablo sigue diciendo que el cristiano no debe dejar que se ponga el sol sobre su indignación. Plutarco decía que los discípulos de Pitágoras tenían entre las reglas de su sociedad que si durante el día la ira les había hecho hablarse despectivamente, antes de que se pusiera el sol se daban las manos, se besaban y se reconciliaban. Hubo un rabino judío que Le pedía a Dios que no le permitiera acostarse nunca con ningún pensamiento negativo contra un semejante en su mente.

El consejo de Pablo es sano, porque cuanto más aplazamos el zanjar nuestras diferencias, menos probable es que lleguemos a remediarlas. Si hay un disgusto entre nosotros y otra persona, si hay problemas en una iglesia o en una sociedad en la que se reúne la gente, la mejor manera de resolverlos es en seguida. Cuanto más se deje crecer, más amarga se hará. Si no hemos tenido razón, debemos pedirle a Dios que nos dé la gracia de reconocerlo; y aunque hayamos tenido razón, debemos pedirle a Dios que nos dé la gracia que nos permita dar el primer paso para remediar las cosas.

Al lado de esta frase, Pablo coloca otro mandamiento. El original griego puede querer decir una de dos cosas. Puede querer decir: «No le deis su oportunidad al diablo.» Una disensión que no se haya zanjado es una oportunidad magnífica para que el diablo siembre división. Muchas veces una iglesia se ha desgarrado en grupitos porque dos personas se pelearon, y dejaron que se pusiera el sol sobre su ira. Pero esta frase puede tener otro sentido. La palabra para diablo en griego es *diábolos*. Pero *diábolos* es también la palabra normal para *calumniador*. Lutero, por ejemplo, consideraba que esto quería decir: «No le hagáis sitio en vuestra vida al calumniador.» Puede ser que ese sea el verdadero sentido de lo que Pablo quiere decir. No hay persona en este mundo que pueda causar más males que un calumniador correveidile. Muchas buenas famas se han asesinado mientras se bebían unas cañas. Cuando veas venir al correveidile, lo mejor que puedes hacer es cerrarle la puerta en las narices.

(iv) El que era ladrón debe convertirse en un trabajador honrado. Este era un consejo muy necesario, porque en el mundo antiguo el latrocinio estaba a la orden del día. Era especialmente corriente en dos sitios: en los puertos y, sobre todo, en los baños públicos. Los baños públicos eran los clubes de entonces, y el robar las pertenencias de los que se estaban bañando era uno de los crímenes más corrientes en cualquier ciudad griega.

Lo más interesante de este dicho es la razón que da Pablo para ser un honrado trabajador. No dice: «Vuélvete un honrado trabajador para que puedas mantener tu casa;» dice: «Conviértete en un honrado trabajador para que puedas tener algo que darles a los que son más pobres que tú.» Aquí tenemos una idea nueva y un nuevo ideal: el de trabajar para poder ayudar a otros.

James Agate nos habla de una carta del famoso novelista Arnold Bennett a un escritor menos afortunado. Bennett era un hombre ambicioso y, en muchos sentidos, mundano; pero en esta carta a un compañero de profesión al que apenas conocía, dice: «Acabo de mirar mi libro de cuentas, y descubro que tengo cien libras esterlinas que no necesito; te mando un cheque por esa cantidad.»

En la sociedad moderna nadie tiene demasiado para dar; pero haremos bien en recordar que el ideal cristiano es el trabajar, no para amasar riquezas, sino para compartir con los menos afortunados.

(v) Pablo prohíbe las conversaciones sucias; y a continuación pasa a recomendar lo positivo: otra manera de ayudar a los demás. El cristiano debe caracterizarse por palabras que ayudan a sus semejantes. Elifaz Temanita le dedica a Job un elogio estupendo: «Tus palabras han hecho que pudieran ir con la cabeza alta muchas personas» *(Job 4:4)*. Tales son las palabras que todo cristiano debe decir.

(vi) Pablo nos exhorta a que no pongamos triste al Espíritu Santo. El Espíritu Santo es el Guía de nuestra vida. Cuando hacemos lo contrario de lo que nos aconsejan nuestros padres cuando somos jóvenes, les hacemos daño. De igual modo, el actuar de una manera contraria a la dirección del Espíritu Santo es entristecerle y herir el corazón de Dios, nuestro Padre, Que, por medio de Su Espíritu, nos envía Su Palabra.

LO QUE DEBE DESTERRARSE DE LA VIDA

Efesios 4:25-32 (conclusión)

Pablo termina este capítulo con una lista de cosas que deben desaparecer de la vida.

(*a*) Está *la amargura (pikría).* Los griegos definían esta cualidad como *un resentimiento imborrable,* como el espíritu que se niega a aceptar la reconciliación. Hay muchas personas que tienen la manía de abrigar resentimientos para mantenerlos calentitos, y rumiar los insultos y las injurias que han recibido. Los cristianos debemos pedirle a Dios que nos enseñe a perdonar.

(*b*) Están *los teleles de pasión (thymós)* y *la ira inveterada (orguê).* Los griegos definían *thymós* como la clase de ira que es como humo de pajas: arde en seguida y desaparece en seguida. Por otra parte, describían *orguê* como la ira que se ha convertido en un hábito. Para el cristiano están igualmente prohibidas la eclosión de mal genio y la ira inveterada.

(*c*) Están *el hablar a voces* y *el lenguaje insultante.* Cierto famoso predicador cuenta que su mujer solía aconsejarle: «En el púlpito, no levantes mucho la voz.» Siempre que en una conversación o discusión nos demos cuenta de que levantamos la voz, es el momento de callarnos. Los judíos hablaban de lo que ellos llamaban «el pecado del insulto,» y mantenían que Dios no da por inocente al que se dirige de una manera insultante a su hermano.

En la obra de Shakespeare, el rey Lear decía de Cordelia que «su voz siempre era suave, amable y sencilla: una cualidad excelente en una mujer.» Y en cualquier persona.

Se ahorrarían muchos disgustos en el mundo si aprendiéramos sencillamente a mantener el nivel de nuestra voz, y si, cuando no tenemos nada bueno que decirle a una persona, no le dijéramos nada. El argumento que hay que mantener a gritos no es tal argumento, y la discusión que se tiene que llevar a cabo con insultos no merece seguirse.

Así que Pablo llega a la cima de sus consejos. Nos dice que seamos *amables (jrêstós)*. Los griegos definían esta cualidad como la disposición de la mente que tiene tanto en cuenta los asuntos del prójimo como los propios. La amabilidad ha aprendido el secreto de mirar siempre hacia fuera, y no solamente hacia dentro. Pablo nos dice que perdonemos a los demás como Dios nos ha perdonado a nosotros. Así, en una frase, Pablo establece la ley de las relaciones personales: Debemos tratar a los demás como Jesucristo nos ha tratado a nosotros.

SIGUIENDO EL EJEMPLO DE DIOS

Efesios 5:1-8

Debéis seguir el ejemplo de Dios de la manera que los hijos bien amados siguen el de sus padres. Debéis vivir en el amor de la manera que Cristo os amó y Se dio a Sí mismo a Dios en sacrificio y ofrenda, un sacrificio que fue el aroma de un perfume agradable a Dios. De la inmoralidad sexual y de la manera sucia de vivir y de los deseos insaciables, ni siquiera habléis entre vosotros; no trae ningún provecho al pueblo consagrado a Dios el hablar de esas cosas. Así que ni se mencione una conducta vergonzosa. Que no haya entre vosotros conversaciones intrascendentes ni chistes que no tienen ninguna

gracia, porque estas son cosas que no corresponden a
personas como vosotros. Sea vuestro hablar más bien una
agradecida alabanza a Dios. Ya sabéis muy bien y estáis
percatados de que ninguno que sea inmoral sexual, o que
viva suciamente, o que dé rienda suelta a deseos insa-
ciables (que es idolatría) tiene parte en el Reino de Cristo
y de Dios. Que nadie os engañe con palabras vacías. Es
a causa de estos vicios por lo que viene sobre los hijos
desobedientes la ira de Dios. No os asociéis con ellos.

Pablo les pone a sus amigos cristianos el listón más alto del
mundo: les dice que deben seguir el ejemplo de Dios. Clemente
de Alejandría habría de decir más tarde sin ambages que el
verdadero sabio cristiano practica el ser Dios. Cuando Pablo
hablaba de seguir el ejemplo estaba usando un lenguaje que
debían entender muy bien los sabios de Grecia. *Mímêsis, imitación,* era lo más importante del aprendizaje de un orador. Los
maestros de retórica enseñaban que el aprendizaje de la oratoria
dependía de tres cosas: teoría, imitación y práctica. La parte
principal de su entrenamiento era el estudio y la imitación de
los maestros que los hubieran precedido. Es como si Pablo
dijera: «Si os estuvierais preparando para ser oradores, se os
diría que imitarais a los maestros de la palabra. Como os estáis
preparando para la vida, debéis seguir el ejemplo del Señor de
la verdadera vida.»

Por encima de todo, el cristiano debe imitar el amor y el
perdón de Dios. Pablo usa una frase típica del Antiguo Testamento: «aroma de perfume,» que se remonta a una idea muy
antigua, tanto como el sacrificio mismo. Cuando se ofrecía un
sacrificio en el altar, el olor de la carne quemada subía al cielo,
y el dios al que se le ofrecía el sacrificio se suponía que se
deleitaba con ese olor. Un sacrificio que tuviera el aroma de
un perfume era especialmente agradable y aceptable al dios al
que se le ofrecía.

Pablo toma la frase que el tiempo había consagrado —casi
cincuenta veces aparece en el Antiguo Testamento— y se la

aplica al Sacrificio que Jesús Le presentó a Dios en la Cruz. El Sacrificio de Jesús Le fue sumamente agradable a Dios.

¿Cuál fue ese Sacrificio? Fue una vida de perfecta obediencia a Dios y de perfecto amor a los hombres; una obediencia tan absoluta y un amor tan infinito que aceptaron la Cruz. Lo que dice Pablo es :«Seguid el ejemplo de Dios. Eso lo podéis hacer solamente amando a los hombres con el mismo amor sacrificial con que nos amó Jesús, y perdonándolos por amor como ha hecho Dios con nosotros.»

Pablo pasa a otro tema. Se ha dicho que la castidad fue la única virtud nueva que introdujo el Cristianismo en el mundo. Desde luego, es verdad que el mundo antiguo miraba la inmoralidad con tal ligereza que no la consideraba pecado. Se daba por sentado que un hombre tuviera una querida. En lugares como Corinto, los grandes templos contaban con un personal de centenares de sacerdotisas que eran en realidad prostitutas sagradas, y cuyas ganancias contribuían al mantenimiento del templo.

En su discurso *Pro Caelio,* Cicerón decía: «Si hubiera alguien que creyera que a los jóvenes había que prohibirles totalmente el amor de las cortesanas, se consideraría que se pasaba de severo. Yo no negaría su principio, pero estaría en desacuerdo, no solamente con la permisividad de nuestra edad, sino también con las costumbres y concesiones de nuestros antepasados. ¿Cuándo no se ha consentido? ¿Cuándo se ha encontrado reprobable? ¿Cuándo se ha negado esa licencia? ¿Cuándo fue ilegal lo que ahora es legal?»

Los griegos decían que Solón había sido el primero que había permitido la introducción de las prostitutas en Atenas, y luego la construcción de burdeles. Y con las ganancias del nuevo negocio se construyó un templo a Afrodita, la diosa del amor. Bien claro deja el punto de vista griego en este asunto el hecho de que no les pareciera mal construir un templo a sus dioses con las ganancias de la prostitución.

Cuando Pablo hacía hincapié en la pureza moral, estaba colocando el listón a una altura que los paganos normales no habían soñado jamás. Por eso es por lo que los exhorta tan en serio, y establece la ley de la pureza con tal severidad. Debemos tener presente la clase de sociedad de la que procedían estos conversos cristianos, y la clase de sociedad que los circundaba. No hay nada en toda la Historia semejante al milagro moral que obró el Cristianismo.

BROMEANDO CON EL PECADO

Efesios 5:1-8 (conclusión)

Debemos fijarnos en otras dos advertencias que hace Pablo.

(i) Dice que de estos pecados vergonzosos no se debe ni hablar. Los persas, según Heródoto, tenían la regla de «no permitir hablar de las cosas que no estaba permitido hacer.» El hacer chistes de algo, o el usarlo como un tema corriente de conversación es introducirlo en la mente y acercarlo a la práctica. Pablo advierte que algunas cosas son peligrosas hasta en la conversación y en los chistes. Es un hecho sombrío de la naturaleza humana el que muchos libros y comedias y películas se hayan hecho famosos simplemente porque trataban de cosas prohibidas y sucias.

(ii) Dice que sus conversos no se debían dejar engañar con palabras vacías. ¿Qué quiere decir? Había voces en el mundo antiguo, y hasta en la Iglesia Cristiana, que le enseñaban a la gente a pensar con ligereza en los pecados del cuerpo.

En el mundo antiguo hubo una línea de pensamiento llamada el gnosticismo, que partía de la base de que solo el espíritu es bueno, y la materia es siempre mala. En ese caso, resulta que solo hay que valorar el espíritu, y que la materia no es sino despreciable. Ahora bien, una persona se compone de dos partes: es *cuerpo* y *espíritu*. Según este punto de vista, el espíritu es lo único que importa; el cuerpo no tiene ninguna importancia. Por tanto, por lo menos algunos de los gnósticos pasaron a defender que no importaba lo que uno hiciera con su cuerpo. No influía para nada el seguir sus caprichos. Los pecados corporales y sexuales no tenían ninguna importancia, porque eran cosas del cuerpo y no del espíritu.

El Cristianismo se enfrentó con esa enseñanza afirmando que tanto el cuerpo como el alma son importantes. Dios es el Creador de ambos, Jesucristo santificó para siempre la carne humana al asumirla, el cuerpo es el templo del Espíritu Santo, y el Cristianismo trata de la salvación de la persona completa, cuerpo, espíritu y alma.

(iii) Ese ataque le llegó a la Iglesia desde fuera; pero otro ataque aún más peligroso vino de dentro. Hubo algunos en la Iglesia que pervirtieron la doctrina de la gracia.

Escuchamos los ecos de la discusión de Pablo con ellos en *Romanos 6.* La discusión sería algo así:

Objetor.- Acabas de decir que la Gracia de Dios es suficientemente grande para perdonar cualquier pecado.

Pablo.- Y lo mantengo.

Objetor.- Estás diciendo que la Gracia de Dios es la cosa más maravillosa del mundo.

Pablo.- Eso es.

Objetor.- Pues entonces, ¡sigamos pecando! Cuanto más pequemos, más abundará la Gracia. El pecado no importa, porque Dios lo va a perdonar de todas maneras. De hecho, aún podríamos decir más: que el pecado es algo excelente, porque le ofrece a la Gracia una oportunidad de manifestarse. La conclusión de tu razonamiento es que el pecado produce la Gracia; y por tanto tiene que ser una cosa buena, ya que produce la cosa más grande del mundo.

El Cristianismo se enfrentó con ese argumento insistiendo en que la gracia era, no solamente un privilegio y un don; era también una responsabilidad y una obligación. Era verdad que el amor de Dios podía perdonar y perdonaría; pero el mismo hecho de que Dios nos ame nos impone la obligación de hacer todo lo posible por merecer Su amor.

El más grave perjuicio que cualquier persona puede hacerle a un semejante es inducirle a considerar el pecado con ligereza. Pablo exhorta a sus conversos a que no se dejen engañar con palabras vacías que despojan al pecado de su horror.

LOS HIJOS DE LA LUZ

Efesios 5:9-14

Porque vosotros erais antes tinieblas, pero ahora sois luz en el Señor. Debéis comportaros como hijos de la luz; porque el fruto de la luz consiste en toda clase de benevolencia e integridad y verdad. Debéis decidir lo que es totalmente del agrado del Señor. No debéis participar de las obras estériles de la oscuridad. Más bien debéis exponerlas; porque uno se avergüenza hasta de mencionar las cosas ocultas que hacen en secreto tales personas. Todo lo que se expone a la luz, se ilumina. Y todo lo que se ilumina, se convierte en luz. Por eso se dice: «¡Despierta, durmiente, y levántate de entre los muertos, y te alumbrará Cristo!»

Pablo veía la vida pagana como algo tenebroso; y la vida cristiana, como una vida radiante. Tan claro lo quería poner, que no decía que los paganos son hijos de la oscuridad, y los cristianos hijos de la luz; dice que los paganos *son* oscuridad, y los cristianos *son* luz. Tiene ciertas cosas que decir acerca de la luz que Jesucristo trae a las personas.

(i) La luz produce buen fruto. Produce benevolencia, integridad y verdad. La benevolencia *(agathôsynê)* es una cierta generosidad de espíritu. Los griegos definían la integridad *(dikaiosynê)* como «dar a las personas y a Dios lo que les es debido.» La verdad *(alêtheia)* no es en el pensamiento del Nuevo Testamento meramente algo intelectual que se capta con la mente; es más bien una verdad moral; no solamente algo que *se conoce,* sino algo que *se hace.* La luz que Cristo trae nos hace ciudadanos útiles de este mundo; nos hace hombres y mujeres que no faltan nunca a su deber, humano o divino; nos hace fuertes para hacer lo que sabemos que es verdadero.

(ii) La luz nos permite distinguir entre lo que es del agrado de Dios y lo que no. Es a la luz de Cristo como se han de poner a prueba todos los motivos y todas las acciones. En los bazares orientales las tiendas no son más que pequeños espacios cubiertos, sin ventanas. Uno puede que quiera comprar un trozo de seda o un artículo de bronce. Antes de comprarlo, lo saca a la calle para verlo a la luz del día, para que la luz revele los defectos que pueda tener. Es el deber del cristiano el exponer todas las acciones, las decisiones y los motivos a la luz de Cristo.

(iii) La luz expone lo que es malo. La mejor manera de desembarazar al mundo de cualquier especie de mal es sacándolo a la luz. Mientras una cosa se haga en secreto, seguirá haciéndose; pero cuando se saca a la luz del día, muere de muerte natural. La manera más eficaz de limpiar los rincones de nuestros corazones y de cualquier sociedad en la que estemos involucrados es exponerlos a la luz de Cristo.

Por último, Pablo dice: «Todo lo que se ilumina se convierte en luz.» Lo que parece que quiere decir es que la luz tiene en sí una cualidad purificadora. En nuestra propia generación sabemos que muchas enfermedades desaparecen simplemente cuando se las expone a la luz del sol. Así es la luz de Cristo. No debemos pensar que la luz de Cristo no trae más que la condenación; también tiene una virtud sanadora.

Pablo acaba con una cita poética. Podríamos traducirla así:

¡Despiértate, durmiente, — y surge de los muertos,
de manera que Cristo — te alumbre por entero!

Pablo introduce esta cita como si todo el mundo la conociera, pero no se sabe de dónde procede. Se han hecho algunas sugerencias interesantes.

Como está en verso, es casi seguro que se trata de un himno cristiano antiguo. Puede que sea parte de un himno de bautismo. En la Iglesia Primitiva casi todos los bautismos eran de adultos, que confesaban su fe al pasar del paganismo al Cristianismo. Tal vez estas palabras se cantaban cuando salían del agua los bautizados, simbolizando el paso del sueño tenebroso del paganismo a la vida radiante del Cristianismo.

También se ha sugerido que estos versos son parte de un himno que expresaba la llamada del arcángel cuando sonara la trompeta final sobre la Tierra. En este caso trataría del gran despertar de la Resurrección final para recibir la vida eterna.

Estas no son más que suposiciones; pero parece seguro que en estas líneas tenemos un fragmento de uno de los primeros himnos de la Iglesia Cristiana.

LA COMUNIÓN CRISTIANA

Efesios 5:15-21

Tened mucho cuidado con cómo vivís. No viváis como los insensatos, sino como los que son prudentes. Aprovechad el tiempo con toda economía, porque vivimos en días malos. Esa es la razón por la que no debéis ser insensatos, sino debéis comprender cuál es la voluntad de Dios. No os emborrachéis de vino, que es destructor, sino llenaos del Espíritu Santo. Comunicaos entre vosotros con salmos e himnos y cánticos que el Espíritu os enseñe. Que las palabras y la música de vuestras alabanzas a Dios os salgan del corazón. Dadle gracias por todas las cosas en todo momento a Dios Padre en el nombre de nuestro Señor Jesucristo. Someteos los unos a los otros como expresión de vuestra sumisión a Cristo.

La exhortación general de Pablo termina con una llamada a sus conversos a vivir como sabios. Los tiempos en los que vivían eran malos; debían rescatar todo el tiempo que pudieran del mal uso que le daba el mundo.

Pablo pasa a presentar un contraste entre una reunión pagana y otra cristiana. Una reunión pagana solía degenerar en orgía. Es significativo que seguimos usando la palabra *simposio* con el sentido de «Conferencia o reunión en que se examina y discute determinado tema» (D.R.A.E.). La palabra griega *sympósion* quiere decir literalmente un guateque para beber. Una vez A. C. Welch estaba predicando sobre el texto «Sed llenos del Espíritu,» y empezó con una frase impactante: «¡Uno tiene que llenarse de algo!» Los paganos encontraban lo que buscaban emborrachándose de vino y entregándose a placeres mundanos; el cristiano encuentra la felicidad en estar lleno del Espíritu Santo.

De este pasaje podemos deducir ciertos hechos acerca de las reuniones cristianas originales.

(i) La Iglesia Primitiva era *una iglesia que cantaba*. Se caracterizaba por los salmos e himnos y canciones espirituales; estaba tan feliz que no podía por menos de cantar.

(ii) La Iglesia Primitiva era *una iglesia que daba gracias a Dios*. Le resultaba natural el darle gracias a Dios por todas las cosas, en todos los lugares y en todas las circunstancias. Crisóstomo, el gran predicador de la Iglesia un poco posterior, expone la idea curiosa de que el cristiano puede dar gracias hasta por el infierno; porque el infierno es una advertencia que nos ayuda a mantenernos en el buen camino. La Iglesia Original era una Iglesia que daba gracias porque sus miembros estaban alucinados con la maravilla de que el amor de Dios los hubiera buscado y salvado; y porque sus miembros estaban seguros de que estaban en las manos de Dios.

(iii) La Iglesia Original era una iglesia en la que los miembros se honraban y se respetaban mutuamente. Pablo dice que la razón de este mutuo honor y respeto era que honraban a Cristo. Se veían los unos a los otros, no a la luz de sus profesiones o niveles sociales, sino a la luz de Cristo; y por tanto veían la dignidad de cada persona.

EL VÍNCULO PRECIOSO

Efesios 5:22-33

> *Esposas, someteos a vuestros maridos como al Señor; porque el marido es el cabeza de la esposa como Cristo es el Cabeza de la Iglesia, aunque existe esta gran diferencia: que Cristo es el Salvador de todo el Cuerpo.*
>
> *Pero, aun concediendo esta diferencia, como la Iglesia está bajo la autoridad de Cristo, así las esposas deben estar bajo la autoridad de sus maridos en todo. Maridos, amad a vuestras esposas como Cristo amó a la Iglesia y Se entregó a Sí mismo por ella, para poder purificarla y consagrarla por el lavamiento del agua al hacer ella confesión de su fe, para hacer que la Iglesia esté en Su presencia en toda su gloria, sin ninguna mancha que afee ni ninguna arruga que desfigure ni ninguna otra imperfección, sino para que pueda ser consagrada e impecable.*
>
> *Así deben los maridos amar a sus esposas: amarlas como aman a sus propios cuerpos. El que ama a su esposa realmente es como si se amara a sí mismo. Porque nadie aborrece nunca su propia carne; más bien la alimenta y cuida. Así es como Cristo ama a la Iglesia, porque somos parte de Su Cuerpo. Por esta causa deja un hombre a su padre y a su madre, y se une con su esposa, y los dos forman una sola carne.*
>
> *Esto es un símbolo que es sumamente grande —quiero decir, cuando se ve como un símbolo de la relación entre Cristo y la Iglesia. Pero tómese como se tome, que todos y cada uno de vosotros ame a su esposa como a vosotros mismos, y que la esposa respete a su marido.*

Leyendo este pasaje en el siglo XX uno no se puede dar cuenta plenamente de lo maravilloso que es. A lo largo de los años, el sentido cristiano del matrimonio se ha llegado a aceptar ampliamente. La mayoría todavía lo reconocen como un ideal aun en estos día permisivos. Incluso cuando en la práctica se está muy lejos de alcanzar ese ideal, siempre ha estado presente en las mentes y en los corazones de las personas que viven en un ambiente cristiano. El matrimonio se considera la unión perfecta de cuerpo, mente y espíritu entre un hombre y una mujer. Pero las cosas eran muy diferentes cuando Pablo escribía. En este pasaje Pablo estaba proponiendo un ideal que brillaba con una pureza radiante en un mundo inmoral.

Consideremos brevemente la situación en que Pablo escribió este pasaje.

Los judíos tenían una opinión baja de las mujeres. En la oración de la mañana se incluía una frase en la que el varón judío daba gracias a Dios por no haberle hecho «gentil, esclavo o mujer.» Para la ley judía una mujer no era una persona, sino una cosa. No tenía ningunos derechos legales; era posesión absoluta de su marido, que podía hacer con ella lo que quisiera.

Los judíos tenían en teoría el ideal más alto del matrimonio. Los rabinos tenían algunos dichos como estos. «Un judío debe entregar su vida antes que cometer idolatría, asesinato o adulterio.» «El mismo altar vierte lágrimas cuando un hombre se divorcia de la mujer de su juventud.» Pero en los días de Pablo el divorcio se había generalizado trágicamente.

La ley del divorcio se resume en *Deuteronomio 24:1.* «Cuando alguien toma una mujer y se casa con ella, si no le agrada por haber hallado en ella alguna cosa indecente, le escribirá carta de divorcio, se la entregará en mano y la despedirá de su casa.» Está claro que todo dependía de cómo se interpretara la frase *alguna cosa indecente.* Los rabinos más estrictos, siguiendo al famoso Shammay, mantenían que quería decir adulterio, y nada más; y declaraban que, aunque la mujer fuera tan malvada como Jezabel, su marido no se podía divorciar de ella nada más que por adulterio. Los rabinos más liberales, siguiendo al igualmente famoso Hillel, interpretaban la frase de la manera más amplia posible. Decían que quería decir que un hombre se podía divorciar de su mujer si ella le echaba a perder la comida poniendo demasiada sal, o si salía a la calle con la cabeza descubierta, o si hablaba con otros hombres en la calle, o si hablaba mal de los padres de su marido, o si era alborotadora o rencillosa o pendenciera. Un cierto Rabí Aqiba interpretaba la frase *si ella no encuentra gracia en sus ojos* en el sentido de que el marido podía divorciarse de su mujer simplemente porque había encontrado otra más atractiva. Es fácil suponer cuál de las dos escuelas de pensamiento tuvo mayor seguimiento.

Dos hechos ponían las cosas peor en la ley judía. El primero, que la mujer no tenía posibilidad legal de divorciarse, excepto si su marido contraía la lepra, o era apóstata, o se dedicaba a un negocio repugnante, como el de curtidor, que conllevaba el recoger y usar excremento de perro. Hablando en general, el marido, bajo la ley judía, podía divorciarse de su mujer por cualquier razón, pero la esposa no podía divorciarse de su marido por ninguna razón. Segundo, el procedimiento del divorcio era desastrosamente fácil. La ley de Moisés decía que el hombre que quisiera divorciarse de su mujer no tenía que hacer más que entregarle una notificación escrita que dijera: «Que esto sea la nota de divorcio y la carta de despedida y el documento de liberación para que puedas casarte con quien quieras.» Todo lo que el marido tenía que hacer era entregarle en mano a su mujer en presencia de dos testigos esa nota de divorcio, y el divorcio quedaba consumado. La otra única condición era que tenía que devolver la dote de su mujer.

En el tiempo de Jesucristo, el vínculo matrimonial estaba en peligro hasta entre los judíos hasta tal punto que la misma institución del matrimonio estaba amenazada, porque las jóvenes judías se negaban a casarse, ya que su posición como esposas era tan incierta.

EL VÍNCULO PRECIOSO

Efesios 5:22-33 (continuación)

La situación era todavía mucho peor en el mundo griego. La prostitución era una parte esencial de la vida griega. Demóstenes había establecido lo que era una norma de vida aceptada por todos: «Tenemos cortesanas para el placer, concubinas para la cohabitación diaria, y esposas para tener hijos legítimos y una guardiana en los asuntos de nuestro hogar.» La mujer llevaba una vida totalmente seclusa en las clases respetables. No tomaba parte en la vida pública; no salía nunca sola a la calle; no aparecía en banquetes o en ocasiones sociales; tenía sus habitaciones privadas a las que no tenía acceso nada más que su marido. Y todo esto, como decía Jenofonte, «para que viera lo menos posible, oyera lo menos posible y preguntara lo menos posible.»

Una mujer griega respetable estaba educada de tal manera que resultaban imposibles la compañía y la conversación en el matrimonio con ella. Sócrates decía: «¿Hay alguien a quien le confíes cuestiones más serias que a tu mujer? ¿Y hay alguien con quien hables menos?» Vero fue el colega imperial del gran Marco Aurelio. Su mujer le echaba en cara el que se relacionara con otras mujeres, y la respuesta de él era que ella tenía que darse cuenta de que la posición de esposa tenía que ver con el honor, no con el placer. Los griegos esperaban que la esposa gobernara el hogar y se cuidara de los hijos legítimos, pero ellos se buscaban el placer y la compañía en otro sitio.

Lo que ponía las cosas todavía peor era que no había en Grecia un procedimiento legal de divorcio. Como decía alguien, el divorcio era cuestión de capricho. La única seguridad que tenía la esposa era que había que devolver la dote. La vida de hogar y de familia estaba a punto de extinguirse, y la fidelidad ya no existía.

EL VÍNCULO PRECIOSO

Efesios 5:22-33 (continuación)

Las cosas estaban todavía peor en Roma; la degeneración era trágica. Durante los primeros quinientos años de la república romana no se había dado ni un solo caso de divorcio. El primero del que se tiene noticia fue el de Spurius Carvilius Ruga, el año 234 a.C. Pero en los días de Pablo la vida romana de familia estaba deshecha. Séneca escribe que las mujeres se casaban para divorciarse y se divorciaban para casarse. Los habitantes de Roma no fechaban los años con números, sino con los nombres de los cónsules. Séneca dice que las mujeres fechaban los años por los nombres de sus maridos. Marcial cuenta que una mujer había tenido diez maridos; Juvenal refiere que una había tenido ocho maridos en cinco años; Jerónimo dice que era verdad que en Roma había una mujer que se había casado con su vigésimo tercer marido, y ella era su vigésima primera esposa. Nos encontramos con que una mujer le pedía al emperador romano Augusto que se divorciara de Livia porque ella iba a tener un hijo suyo. Encontramos que hasta Cicerón, en su ancianidad, se divorció de su mujer Terencia para casarse con una heredera joven cuyo albacea era él mismo, para disponer de la herencia de ella para pagar sus propias deudas.

Eso no es decir que no existiera la fidelidad. Suetonio cuenta que una dama romana llamada Mallonia se suicidó antes que rendirse al emperador Tiberio. Pero no es demasiado decir que el ambiente general era de adulterio. El vínculo matrimonial estaba en vías de desaparecer.

Ese era el trasfondo cuando Pablo escribía. En este precioso pasaje no estaba exponiendo ideas que todo el mundo aceptara. Estaba llamando a las personas a una nueva pureza y a una relación nueva en su vida matrimonial. No se puede exagerar el efecto purificador del Cristianismo en el hogar en el mundo antiguo, ni los beneficios que trajo a las mujeres.

DESARROLLO DEL PENSAMIENTO DE PABLO

Efesios 5:22-33 (continuación)

En este pasaje encontramos la idea final de Pablo acerca del matrimonio. Hay cosas que había escrito acerca del matrimonio que nos sorprenden y nos hacen desear que no las hubiera escrito. Y lo peor es que son esos pasajes los que se suelen citar para mostrar lo que Pablo pensaba del matrimonio.

Uno de los capítulos más extraños es *1 Corintios, 7*. Allí Pablo está hablando acerca del matrimonio y de las relaciones entre hombre y mujer. La verdad es que Pablo enseña allí que el matrimonio se permite meramente para evitar algo peor. «A causa de la tentación de la inmoralidad —escribe—, que cada uno tenga su propia mujer, y que cada mujer tenga su propio marido» *(1 Corintios 7:2)*. Permite que las viudas se casen otra vez, pero sería mejor si se quedaran como están *(1 Corintios 7:39s)*. Preferiría que los solteros y las viudas no se casaran; «pero si no se pueden aguantar, deben casarse; porque es mejor casarse que estar ardiendo de pasión» *(1 Corintios 7:9)*.

Había una razón para que Pablo escribiera eso. Era porque esperaba la Segunda Venida de Jesús en cualquier momento. Por tanto, estaba convencido de que los creyentes no debían comprometerse con ningún asunto terrenal, a fin de concentrarse en usar todo el tiempo disponible para prepararse para la vuelta del Señor. «El hombre soltero está entregado a los asuntos del Señor, y cómo agradarle; pero el casado está involucrado en los asuntos del mundo, cómo agradar a su mujer» *(1 Corintios 7:32s)*.

Entre *1 Corintios* y *Efesios* hay un espacio de tiempo de unos nueve años. En esos años, Pablo se dio cuenta de que la Segunda Venida no iba a ser tan pronto como él había creído, que de hecho él y su pueblo estaban viviendo, no en una situación temporal, sino en una situación más o menos permanente. Y es en *Efesios* donde encontramos la auténtica enseñanza de Pablo sobre el matrimonio: que el matrimonio cristiano es la relación más preciosa de la vida, cuyo único paralelo es la relación entre Cristo y la Iglesia.

También es posible que el pasaje de *Corintios* esté coloreado por la experiencia personal de Pablo. Parece que cuando era un celoso judío fue miembro del sanedrín. Cuando nos habla de su conducta con los cristianos dice: «Yo daba mi voto contra ellos» *(Hechos 26:10)*. También parece que una de las cualificaciones para ser miembro del sanedrín era estar casado, y que, por tanto, Pablo debe de haber sido casado. Nunca menciona a su mujer. ¿Por qué? Bien puede ser que ella se pusiera en contra suya cuando él se hizo cristiano. Bien puede ser que cuando Pablo escribió *Corintios* estuviera hablando desde una situación en la que no solo esperaba la vuelta de Cristo, sino también se encontraba sumido en uno de sus mayores problemas y más dolorosos conflictos en su propio matrimonio; así que veía el matrimonio como un problema para el cristiano.

EL FUNDAMENTO DEL AMOR

Efesios 5:22-33 (conclusión)

Algunas veces se descoloca totalmente el énfasis de este pasaje, y se ve como si su esencia fuera la subordinación de la mujer al marido. La frase: «El marido es el cabeza de la mujer,» se cita a menudo aisladamente. Pero la base del pasaje no es el dominio, sino el amor. Pablo dice ciertas cosas acerca del amor que debe tenerle un marido a su mujer.

(i) Debe ser un amor *sacrificial*. Debe amarla como Cristo amó a la Iglesia y Se dio a Sí mismo por ella. No debe ser nunca un amor egoísta. Cristo amó a la Iglesia, no para que la Iglesia hiciera cosas por Él, sino para hacer Él cosas por ella. Crisóstomo hace un desarrollo maravilloso de este pasaje: «¿Te has dado cuenta de cuál es la medida de la obediencia? Presta atención también a la medida del amor. ¿Te gustaría que tu mujer te obedeciera como obedece la Iglesia a Cristo? Ten de ella el mismo cuidado que tiene Cristo de la Iglesia. Y, si fuera necesario que dieras tu vida por ella, o que se te descuartizara mil veces, o sufrir lo que fuera por ella, no lo rechaces... Cristo trajo a la Iglesia a Sus pies por medio del gran cuidado que tuvo de ella, no con amenazas ni con temor ni con cosas parecidas; compórtate tú así con tu mujer.»

El marido es el cabeza de la mujer —cierto, Pablo lo dice; pero también dice que el marido debe amar a su mujer como Cristo amó a la Iglesia, con un amor que nunca ejerce una tiranía de control sino que está dispuesto a hacer cualquier sacrificio por el bien de la esposa.

(ii) Debe ser un amor *purificador*. Cristo limpió y consagró a la Iglesia por medio del agua del Bautismo el día en que cada miembro de la Iglesia hizo su confesión de fe. Bien puede ser que Pablo tuviera en mente una costumbre griega. Una de las costumbres griegas del matrimonio era que, antes de que la esposa fuera llevada a su marido, se bañaba en el agua de una corriente consagrada a algún dios o diosa. En Atenas, por ejemplo, la novia se bañaba en las aguas del Calirroe, que estaba consagrado a la diosa Atenea. Pablo está pensando en el Bautismo. Mediante el agua del Bautismo y la confesión de fe, Cristo buscó hacer una Iglesia para Sí, limpia y consagrada, de tal manera que no le quedara ninguna mancha que la ensuciara ni arruga que la afeara. Cualquier amor que arrastra a una persona hacia abajo es falso. Cualquier amor que insensibiliza en lugar de suavizar el carácter, que recurre al engaño, que debilita la fibra moral, no es amor. El verdadero amor es el gran purificador de la vida.

(iii) Debe ser un amor *que cuida*. Un hombre debe amar a su mujer como ama su propio cuerpo. El verdadero amor no ama para obtener servicios, ni para asegurarse la satisfacción de sus necesidades físicas; se preocupa de la persona amada. Hay algo que no es como es debido cuando un hombre considera a su mujer, consciente o inconscientemente, simplemente como la que le hace la comida y le lava la ropa y le limpia la casa y le cuida a los hijos.

(iv) Es un amor *inquebrantable*. Por este amor un hombre deja padre y madre y se une a su mujer. Ambos llegan a ser una cola carne. Él está unido a ella como los miembros del cuerpo están unidos entre sí; y el separarse de ella sería para él como el desgarrar los miembros de su cuerpo. Aquí tenemos sin duda un ideal para una edad en la que se cambiaba —o se cambia— de cónyuge tan fácilmente como se cambia de ropa.

(v) Toda la relación se realiza *en el Señor*. En el hogar cristiano Jesús es el Huésped siempre presente, aunque invisible. En un matrimonio cristiano no están implicadas dos personas, sino tres —y la tercera es Cristo.

PADRES E HIJOS

Efesios 6:1-4

Hijos e hijas, obedeced a vuestros padres y madres como corresponde entre cristianos. «Honra a tu padre y a tu madre —que es el primer mandamiento que conlleva una promesa—, para que te vaya bien y tu vida alcance su plenitud en la Tierra.» Padres, no hagáis de rabiar a vuestros hijos, sino educadlos con la disciplina y exhortación del Señor.

Si la fe cristiana hizo mucho por las mujeres, como ya hemos visto, aún hizo más por los niños. La civilización romana contemporánea de Pablo incluía algunos aspectos que les hacían la vida muy peligrosa a los niños.

(i) Existía la *patria potestas* romana, el poder del padre. Bajo la *patria potestas,* un padre romano tenía un poder absoluto sobre su familia. Podía venderlos como esclavos, hacerlos trabajar en sus tierras hasta con cadenas, podía castigarlos como quisiera, e incluso condenarlos a muerte. Además, el poder del padre romano se extendía durante toda la vida mientras el padre viviera. Un hijo romano no alcanzaba nunca la mayoría de edad. Aunque fuera un hombre adulto, aunque fuera un magistrado de la ciudad, aunque el estado le hubiera coronado de bien merecidos favores, permanecía bajo el poder absoluto de su padre. «El gran error —escribe Becker— consistía en que el padre romano consideraba el poder que la naturaleza impone como debido a los mayores de guiar y proteger a un niño como si incluyera la libertad de este, juntamente con su vida y muerte, y a lo largo de toda su existencia.» Es verdad que el poder del padre rara vez se ejercía hasta estos límites, porque la opinión pública no lo habría permitido; pero sigue siendo verdad que en tiempos de Pablo un hijo era propiedad absoluta de su padre y estaba sometido totalmente a su poder.

(ii) Existía la costumbre de abandonar a los bebés. Cuando nacía un niño, se le colocaba a los pies de su padre y, si el padre se inclinaba y le recogía, eso quería decir que le reconocía y quería quedárselo. Si daba la vuelta y se marchaba, quería decir que se negaba a reconocerle, y el niño se podía tirar, literalmente.

Se conserva una carta fechada el año 1 a.C. de un hombre que se llamaba Hilario a Aris su mujer. Había ido a Alejandría, y le escribía a su mujer acerca de cuestiones domésticas:

> *Hilario a su mujer Aris: Saludos muy cordiales,*
> *también para mis queridos Bero y Apolonario. Sabe que*
> *continuamos hasta ahora en Alejandría. No te preocupes*
> *si me quedo aquí cuando todos los demás vuelvan. Te*
> *pido y te ruego que tengas cuidado del niño y, tan pronto*
> *como recibamos nuestra paga, te la mandaré. Si tienes*
> *suerte y lo que nace es un niño, que viva; si es niña,*
> *tírala. Le dijiste a Afrodisias que me dijera: «No te*
> *olvides de mí.» ¿Cómo me voy a olvidar de ti? Por tanto,*
> *te pido que no te preocupes.*

Es una carta extraña, tan llena de afecto y, sin embargo, tan despiadada para con la criatura que había de nacer. Un bebé romano siempre corría peligro de ser repudiado y abandonado.

En los tiempos de Pablo ese riesgo era aún más pronunciado. Ya hemos visto cómo se había deteriorado el vínculo matrimonial, y que los hombres y las mujeres cambiaban de cónyuge con una rapidez alucinante. En tales circunstancias, un hijo era una desgracia. Tan pocos niños nacían que el gobierno romano llegó a promulgar una ley que decía que la herencia que pudiera recibir una pareja sin hijos era limitada. Los hijos no deseados se dejaban por lo corriente en el foro romano. Se los podía quedar el que los quisiera recoger y criar para venderlos después como esclavos o dedicarlos a la prostitución.

(iii) La civilización antigua era despiadada con los niños enfermos o deformes. Séneca escribe: «Matamos a un toro acorneador; ahorcamos a un perro rabioso; le aplicamos el cuchillo a las reses enfermas para salvar la manada; a los niños que nacen débiles o deformes los ahogamos.» Un niño que presentara síntomas de debilidad y malformación tenía pocas posibilidades de sobrevivir.

Los consejos de Pablo a los padres y a los hijos se situaban en ese trasfondo. Si se nos preguntara alguna vez qué es lo que ha hecho el Cristianismo por el mundo no tendríamos más que señalar el cambio efectuado en la condición de las mujeres y de los niños.

PADRES E HIJOS

Efesios 6:1-4 (conclusión)

Pablo les impone a los hijos que obedezcan y respeten a sus padres. Dice que este es *el primer* mandamiento. Probablemente quiere decir que era el primer mandamiento que un hijo cristiano aprendía de memoria. Para Pablo, respetar no es solamente de labios para fuera. La verdadera manera de honrar a los padres es obedecerlos, honrarlos y no darles disgustos.

Pablo ve que existe la otra cara de la moneda. Les dice a los padres que no hagan rabiar a sus hijos. Bengel, considerando por qué este mandamiento se dirige tan expresamente a *los padres,* dice que las madres tienen una especie de paciencia divina, pero que «los padres son más propensos a dejarse llevar por la ira.»

Es curioso que Pablo repita esta misma disposición, aún más expresamente, en *Colosenses 3:21:* «Padres —dice—, no provoquéis a vuestros hijos, *no sea que se desanimen.»* Bengel dice que la plaga de la juventud es «un espíritu quebrantado,» desanimado por la crítica y las regañinas continuas y por la disciplina demasiado estricta. David Smith cree que Pablo escribía inspirado por una experiencia personal amarga. Escribe: «Hay aquí una nota trémula de emoción personal, y da la impresión de que el corazón del anciano cautivo estaba volviendo al pasado y rememorando los años de una infancia falta de cariño. Criado en la atmósfera austera de la ortodoxia tradicional, había experimentado escasa ternura y excesiva severidad, y había conocido esa "plaga de la juventud, el espíritu quebrantado."»

Hay tres maneras de ser injustos con los hijos.

(i) Podemos olvidar que las cosas sí cambian, y que las costumbres de una generación no tienen por qué ser las de la siguiente. Elinor Mordaunt cuenta que una vez impidió a su hijita hacer algo diciéndole: «A mí no se me permitía hacer eso cuando tenía tu edad.» Y la niña respondió: «Pero tienes que acordarte, Mamá, de que tú estabas *entonces,* y yo estoy *ahora.»*

(ii) Podemos ejercer tal control que es un insulto a la educación de nuestros hijos. El mantener a un hijo demasiado tiempo en las andaderas equivale a decirle que no nos fiamos de él, lo que equivale a decir que no tenemos confianza en la manera como le hemos criado. Es mejor equivocarse por exceso de confianza que por defecto de confianza.

(iii) Podemos olvidar el deber que tenemos de animarlos. El padre de Lutero era muy estricto, hasta el borde de la crueldad. Lutero solía decir: «"Retén la vara, y echa a perder al niño" —eso es verdad; pero ten preparada una manzana al lado de la vara para dársela cuando se porte bien.» Benjamin West nos cuenta cómo llegó a ser pintor. Cierto día su madre se marchó dejándole a cargo de su hermanita Sally. Durante la ausencia de su madre descubrió algunos frascos de tintas de colores, y se puso a pintar el retrato de Sally, manchando sin querer de tinta un montón de cosas. Cuando volvió su madre, vio el estropicio pero no dijo nada. Al echar mano al papel vio el dibujo: «¡Oye! —dijo— ¡Es Sally!» Y se inclinó y le dio un beso. Después de aquello Benjamín West solía decir: «El beso de mi madre me hizo un pintor.» Ese estímulo hizo más de lo que hubiera podido lograr la regañina. Anna Buchan cuenta que su abuela tenía una frase preferida hasta cuando era muy vieja: «Nunca desanimes a un joven.»

Pablo comprendía que los hijos deben honrar a sus padres, y que los padres no deben desanimar a los hijos.

AMOS Y ESCLAVOS

Efesios 6:5-9

Esclavos: obedeced a vuestros amos humanos con temor y temblor, con sinceridad de corazón, como serviríais a Cristo mismo. No hagáis las cosas solo cuando os están viendo. No hagáis nada para congraciaros con la gente. Hacedlo todo como esclavos de Cristo, cumpliendo de corazón la voluntad de Dios. Ofreced vuestro servicio de buena voluntad, como a Cristo, y no como a las personas. Estad seguros de que cada uno de nosotros, ya sea esclavo o libre, será recompensado por el Señor por todo lo que haya hecho bien. En cuanto a vosotros, amos, portaos igualmente con vuestros esclavos. Dejaos de amenazas. Porque debéis saber muy bien que ellos y vosotros tenéis un Amo en el Cielo que no hace discriminación entre unos y otros.

Cuando Pablo escribía a los esclavos de la Iglesia Cristiana, tenía numerosos destinatarios.

Se ha calculado que había 60,000,000 esclavos en el imperio romano. En los días de Pablo, una terrible especie de pereza se cernía sobre los ciudadanos de Roma. Roma era el ama del mundo, y por tanto estaba por debajo de la dignidad de un romano el trabajar. Casi todos los trabajos los hacían los esclavos. Hasta los médicos y los maestros, los amigos más íntimos de los emperadores, los secretarios que estaban a cargo de su correspondencia y sus finanzas, eran esclavos.

A menudo había lazos de profundo aprecio y afecto entre amo y esclavo. Plinio escribe a un amigo diciéndole que estaba profundamente afectado porque algunos de sus bien amados esclavos habían muerto. Tiene dos consuelos, aunque no son suficientes para aliviar su dolor: «Siempre he estado dispuesto a manumitir a mis esclavos (porque su muerte no parece totalmente intempestiva cuando han vivido lo suficiente para recibir la libertad); el otro consuelo es que les he permitido hacer una especie de testamento, que yo cumplo tan a rajatabla como si fuera legal.» Así hablaba un amo amable.

Pero básicamente la vida del esclavo era hosca y terrible. Ante la ley no era una persona, sino *una cosa*. Aristóteles establece que no puede haber nunca verdadera amistad entre amo y esclavo, porque no tienen nada en común, «porque un esclavo es una herramienta viva, de la misma manera que una herramienta es un esclavo inanimado.» Varrón, escribiendo sobre agricultura, divide los aperos en tres clases: los articulados, los inarticulados y los mudos. Los articulados comprenden a los esclavos; los inarticulados, al ganado, y los mudos, los vehículos y las herramientas. El esclavo no es mejor que una bestia por el hecho de poder hablar. Catón aconseja a uno que se va a hacer cargo de una granja que pase revista y se descarte de todo lo que ya no sirva. Que se deshaga también de los esclavos viejos dejándolos morirse de hambre en el montón de basura. Cuando algún esclavo se ponga enfermo, es un derroche absurdo mantenerle sus raciones normales.

La ley era absolutamente clara. El abogado romano Gayo, en sus *Instituciones,* establece: «Queremos advertir que se acepta universalmente el hecho de que el amo tiene poder de vida y muerte sobre el esclavo.» Si el esclavo intentaba escaparse, en el mejor de los casos se le marcaba en la frente con un hierro candente una F de *fugitivus,* y en el peor se le mataba.

Lo terrible de la condición del esclavo era que estaba totalmente a merced de los caprichos de su amo. Augusto crucificó a un esclavo porque mató su perdiz amaestrada. Vedio Polión arrojó a un esclavo vivo a las feroces lampreas de su estanque porque se le había caído y roto una copa de cristal.

Juvenal cuenta que una matrona romana mandó matar a un esclavo simplemente porque se enfureció con él. A las protestas de su marido, respondió: «¿Es que consideras persona a un esclavo? ¿Dices que no ha hecho nada malo? Bien; pues lo mando porque me da la gana: mi voluntad es razón suficiente.» A las esclavas que estaban al servicio de sus señoras a menudo estas les arrancaban el pelo a tirones y les arañaban las mejillas con sus uñas. Juvenal habla de un amo «al que le encanta el sonido de los azotes cruelmente administrados, considerándolo más dulce que el canto de las sirenas,» o «que alucina al escuchar el tintineo de las cadenas,» o «que llama al torturador a marcar con hierro candente a los esclavos porque dice que le faltan dos toallas.» Un escritor latino establece: «Lo que quiera que un amo le haga a un esclavo inmerecidamente, por ira, voluntariamente, involuntariamente, por despiste, después de cuidadosa investigación, a sabiendas, por desconocimiento —es juicio, justicia y ley.»

Es sobre ese terrible trasfondo como se ha de leer el consejo de Pablo a los amos y a los esclavos.

AMOS Y ESCLAVOS

Efesios 6:5-9 (conclusión)

El consejo de Pablo a los esclavos nos ofrece el Evangelio del obrero cristiano.

(i) No les dice que se rebelen; les dice que sean cristianos donde y como estén. El gran mensaje del Cristianismo a todas las personas es que es donde Dios nos ha colocado donde debemos vivir la vida cristiana. Las circunstancias puede que nos sean contrarias, pero eso solo hace mayor el desafío. El Evangelio no nos ofrece una evasión de las circunstancias, sino la posibilidad de conquistarlas.

(ii) Les dice a los esclavos que no deben hacer bien su trabajo solamente cuando los están mirando; deben hacerlo sabiendo que Dios los ve. Cualquier parte del trabajo que realice un cristiano debe ser suficientemente buena para ofrecérsela a Dios. El problema que el mundo ha tenido que arrostrar siempre, y no menos hoy, no es fundamentalmente económico, sino religioso. Nunca haremos que los hombres sean buenos trabajadores simplemente mejorando sus condiciones de trabajo o aumentando sus emolumentos. Es un deber cristiano el tener en cuenta estas cosas; pero por sí no producirán nunca mejores resultados. Y aún menos lograremos buenos trabajos aumentando la vigilancia y multiplicando las sanciones. El secreto de una buena labor es que se haga para Dios.

Pablo tiene también algo que decirles a los amos. Deben recordar que ellos también están al servicio de Dios. Los amos también deben tener presente que Dios también ve todo lo que ellos hacen. Sobre todo deben recordar que llegará el día en que tanto ellos como los que están a sus órdenes se tendrán que presentar ante el juicio de Dios; y entonces los baremos del mundo no serán los que se apliquen.

Todos los problemas laborales se resolverían si trabajadores y empresarios siguieran las instrucciones de Dios.

LA ARMADURA DE DIOS

Efesios 6:10-20

Por último os digo: Estad fuertes en el Señor y en el poder de Su fuerza. Poneos la armadura de Dios para poder manteneros frente a las tretas del diablo. No es contra carne y sangre contra lo que tenéis que luchar, sino contra poderes y autoridades, contra manipuladores de este mundo tenebroso, contra fuerzas espirituales maliciosas en lugares celestiales. Por causa de esto debéis tomar la armadura de Dios para poder manteneros frente a todas esas cosas en el día malo, y para poder seguir firmes después de haber cumplido con vuestro deber en todas las cosas. Tened siempre ajustada la verdad como cinto. Poneos la integridad como coraza. Tened los pies calzados con la disposición a predicar el Evangelio de la paz. En todas las circunstancias mantened la fe como escudo con el que podáis apagar todas las flechas incendiarias del maligno. Poneos el casco de la salvación. Blandid la espada del Espíritu, que es la Palabra de Dios. Manteneos orando en el Espíritu en todas las crisis con toda clase de oración y súplica a Dios. Con esa finalidad, manteneos alerta en oración perseverante por todo el pueblo consagrado a Dios. Orad también por mí, para que me sea posible hablar a boca llena y sin tapujos para dar a conocer el secreto del Evangelio, por el cual soy ahora un mensajero encadenado. Pedidle a Dios que se me conceda la libertad para declararlo como debo.

Al despedirse Pablo de sus amigos en esta carta, piensa en la importancia de la contienda que les espera. No cabe duda de que la vida era mucho más aterradora para los primeros cristianos que para nosotros hoy. Creían implícitamente en los espíritus malos que llenaban el aire y estaban empeñados en hacer daño. Las palabras que usa Pablo —poderes, autoridades, gobernadores del mundo— son los nombres de las diferentes clases de esos espíritus malos. Para Pablo, todo el universo era un campo de batalla. El cristiano no tenía que contender exclusivamente con los ataques de otras personas, sino con los de fuerzas espirituales que luchaban contra Dios. No tenemos que tomar literalmente el lenguaje concreto de Pablo; pero nuestra experiencia nos dirá que hay un poder activo del mal en el mundo. Robert Louis Stevenson dijo una vez: «¿Conoces la estación Caledonia del ferrocarril en Edimburgo? Una mañana helada con viento del Este yo me encontré allí con Satanás.» No sabemos qué fue lo que le pasó de hecho a Stevenson, pero reconocemos la experiencia. Todos hemos sentido la fuerza de esa influencia perversa que trata de arrastrarnos al pecado.

A Pablo se le representa entonces todo un cuadro repleto de enseñanza espiritual. Por entonces estaba siempre encadenado a la muñeca de un soldado romano. Noche y día estaba allí con él, asegurándose de que no se escapaba. Pablo era literalmente un mensajero encadenado. Era la clase de hombre que se relacionaba fácilmente con todo el mundo, y sin duda hablaría con frecuencia con los soldados que estaban obligados a estar con él. Cuando estaba escribiendo, la armadura del soldado le sugirió toda una alegoría. El cristiano también tiene una armadura; y, pieza por pieza, Pablo se fija en la armadura del soldado romano y la traduce en términos cristianos.

(i) Está el cinto de la verdad. La túnica del soldado se sujetaba con un cinto del que se colgaba la espada, y que le daba libertad de movimientos. Otros puede que anden incómodos e indecisos; el cristiano se mueve con libertad y rapidez, porque conoce la verdad.

(ii) Está el peto de la integridad. Cuando uno está vestido de integridad, es invulnerable. Las palabras no nos pueden defender siempre de las acusaciones, pero sí una vida íntegra. Una vez alguien acusó a Platón de ciertos crímenes. «Bueno, pues entonces —dijo Platón—, vivamos de tal forma que demos el mentís a esas acusaciones.» La única manera de arrostrar las acusaciones que se le hacen al cristiano es siendo todo lo bueno que puede ser.

(iii) Están las sandalias, que eran la señal de que uno estaba dispuesto para la marcha. La característica del cristiano es que está dispuesto a ponerse en camino para compartir el Evangelio con otros que no lo han recibido.

(iv) Está el escudo. La palabra que usa Pablo no designaba el escudo relativamente pequeño y redondo, sino el grande y oblongo que llevaban los guerreros fuertemente armados. Una de las armas más peligrosas en las guerras antiguas eran las flechas incendiarias. Se mojaba la punta en brea, se le prendía fuego y se lanzaba. El escudo grande tenía dos capas de madera pegadas entre sí. Cuando se le incrustaba un dardo incendiario, se hundía en la madera y se le apagaba la llama. La fe puede dar cuenta de los dardos de la tentación. Para Pablo, la fe es siempre la confianza absoluta en Cristo. Cuando caminamos cerca de Él, estamos a salvo de la tentación.

(v) Está la salvación como casco. La salvación no es solamente algo del pasado. Nos da el perdón de los pecados del pasado, y también la fuerza para conquistar el pecado en los días por venir.

(vi) Está la espada, que es la Palabra de Dios. La Palabra de Dios es al mismo tiempo nuestra arma de defensa contra el pecado y nuestra arma de ataque contra los pecados del mundo. Los soldados de Cromwell peleaban con la espada en una mano y la Biblia en la otra. Nunca podremos ganar las batallas de Dios sin el Libro de Dios.

(vii) Por último, Pablo llega al arma más poderosa de todas —la oración. Notamos tres cosas que dice acerca de la oración. (*a*) Debe ser constante. Tendemos muchas veces a orar solamente en las grandes crisis de la vida; pero es en la oración diaria donde el cristiano encuentra la fuerza diaria. (*b*) Debe ser intensa. Una oración vacilante no nos llevará a ninguna parte. La oración requiere concentración de todas nuestras facultades en Dios. (*c*) No debe ser egoísta. Los judíos tenían un dicho: «Que cada uno se una con la comunidad para la oración.» Creo que a menudo nuestras oraciones se concentran más de la cuenta en nosotros mismos, y tienen demasiado poco en cuenta a los demás. Tenemos que aprender a orar por los demás y con los demás tanto como a solas y por nosotros mismos.

Por último Pablo pide las oraciones de sus amigos por él mismo. Pero no les pide que oren por su comodidad o su paz, sino para que siga teniendo oportunidad de proclamar el secreto de Dios: que Su amor es para todos los seres humanos. Haremos bien en recordar que todos los obreros cristianos necesitan que su pueblo les sostenga las manos en oración.

LA BENDICIÓN FINAL

Efesios 6:21-24

> *Tíquico, nuestro querido hermano y fiel consiervo en el Señor, os proveerá de toda la información para que vosotros también sepáis cómo me van las cosas y cómo estoy. Para eso precisamente os le envío: para que conozcáis mis asuntos, y él os anime el corazón.*
>
> *¡Que la paz sea con todos los hermanos, y el amor que acompaña a la fe de Dios Padre y del Señor Jesucristo! ¡Que la gracia sea con todos los que aman al Señor Jesús con un amor que desafía a la muerte!*

Como hemos visto, la *Carta a los Efesios* era una carta circular, y el que la llevaba de iglesia en iglesia era Tíquico. Al contrario que en la mayor parte de sus carta, *Efesios* no contiene ninguna información personal de Pablo, salvo que estaba en la cárcel; pero Tíquico, al ir pasando por las iglesias, les contaría cómo le iba a Pablo, y les comunicaría un mensaje de aliento.

Pablo termina con la bendición, en la que aparecen de nuevo todas las grandes palabras y realidades cristianas. La paz que era el bien supremo, la fe que era la total confianza y dependencia de Cristo, la gracia que era el precioso don gratuito de Dios: estas eran las cosas que Pablo pedía a Dios para sus amigos. Por encima de todo, Pablo Le pide a Dios el amor, para que ellos puedan conocer el amor de Dios, para que puedan amar a los demás como Dios los ama, y para que puedan amar a Jesucristo con un amor más fuerte que la muerte.

PALABRAS hebreas, griegas y *latinas*

NOMBRES Y TEMAS QUE APARECEN EN EL TEXTO

(Gálatas llega hasta la página 83, y *Efesios* desde ésta hasta el final).

230

231

OTROS LIBROS
DE LA EDITORIAL CLIE
RELACIONADOS CON EL TEMA DE
ESTE

Vicente Galán, *Recuperando el primer amor.*

G. H. Lacy, *Comentario a la Epístola a los Efesios.*

Enrique Lund, *Comentario sobre la Epístola a los Gálatas.*
H. C. G. Moule, *Estudios sobre Efesios.*

Samuel Pérez Millos, *Curso de exégesis bíblica y bosquejos para predicadores,* volumen 16.

W. L. Pettingill, *Estudios sobre la Epístola a los Gálatas.*

Lynn D. Schrock, *Libres para servir: Gálatas.*

Merrill C. Tenney, *Gálatas, la carta de la libertad cristiana.*

Cliff Truman, *Efesios.*

Pablo Wickham, *La Biblia y su mensaje, Efesios-Colosenses,* vol. 18.